本書の主人公《しゅじんこう》の菅原進《すがわらすすむ》さん。
愛船《あいせん》「ひまわり」の操縦室《そうじゅうしつ》には、造花《ぞうか》のひまわりがかざられている

連絡船《れんらくせん》「ひまわり」は宮城県《みやぎけん》の気仙沼港《けせんぬまこう》と大島《おおしま》を40年以上《いじょう》、ほとんど毎日往復《おうふく》し続《つづ》け、島民《とうみん》の足として活躍《かつやく》してきた

「ひまわり」の整備《せいび》は、むかしマグロ船の機関長《きかんちょう》を務《つと》めていた菅原《すがわら》さんが自らおこなう

「ひまわり」は12人乗《の》り。座席《ざせき》は廃車《はいしゃ》になったバスのシートを再利用《さいりよう》している

東日本大震災後《ひがしにほんだいしんさいご》、「ひまわり」は大島《おおしま》の島民《とうみん》にとって唯一《ゆいいつ》の交通手《しゅ》段《だん》となった

かつては多くの観光客《かんこうきゃく》でにぎわった大島《おおしま》の浦《うら》の浜港《はまこう》も、津波《つなみ》でガレキの山となった

大島《おおしま》から見る美《うつく》しい日の出。復興《ふっこう》への道のりは長くけわしい

津波《つなみ》を乗《の》りこえたエピソードが広まり、菅原《すがわら》さんは国内外のメディアから多くの取材《しゅざい》を受《う》けた

仮設住宅《かせつじゅうたく》の前にあるグラウンドで。左から弟の和郎《かずろう》さん、孫《まご》の輝星《きら》くん、菅原《すがわら》さん、孫《まご》の日菜乃《ひなの》ちゃん、三女の美希恵《みきえ》さん、奥《おく》さんのヨシ子さん

感動ノンフィクション

津波《つなみ》をこえたひまわりさん

小さな連絡船《れんらくせん》で大島《おおしま》を救《すく》った菅原進《すがわらすすむ》

今関《いまぜき》 信子《のぶこ》＝文

津波《つなみ》をこえたひまわりさん

もくじ

はじめに

「ひまわり」は、花ではありません。

「ひまわり」は、船です。船の名前なのに、「ひまわり号《ごう》」ではありません。

「ひまわり」の名づけ親は菅原進《すがわらすすむ》さん。この船の船長さんです。

この船の名前をつけるとき、人間の赤ちゃんに名前をつけるときと同じように、菅原《すがわら》さんもすてきな名前をつけたいと思いました。

みんなのためになって、だれにでも愛《あい》される船になってほしいな。

じょうぶで、よく働《はたら》いて、たよりにされる船だったら、すてきだぞ。

むずかしい漢字《かんじ》はダメだ。

だれにも親しめる名前で、元気な感《かん》じの名前だったら、いいんだがなあ。

菅原《すがわら》さんは、いっしょうけんめい考えました。

「ひまわり……」

菅原《すがわら》さんは、目をぱちぱちしました。

ひまわりは、だれでも知っています。

真夏《まなつ》の太陽《たいよう》を全身《ぜんしん》に受《う》けて、すっくと立つすがたは、光の中でかがやいています。

「決《き》まった。おまえの名前は、『ひまわり』だよ」

菅原《すがわら》さんは、「よろしくね」というように、船体をとんとんたたきました。

「ひまわり」の船長になった菅原《すがわら》さんは、みんなから「菅原《すがわら》さん」ではなく「ひまわりさん」とよばれるようになりました。なぜそのようによばれるようになったのか、いっしょに追《お》ってみましょう。

第1章

見つけた仕《し》事《ごと》

鳥が好《す》き、大工も好《す》き

宮城県北東部《みやぎけんほくとうぶ》にある東北最大《とうほくさいだい》の有人島《ゆうじんとう》、大島《おおしま》は、魚の宝庫《ほうこ》です。いまから約《やく》六十年前、菅原《すがわら》さんが子どものころも、漁《りょう》を終《お》えた船が大漁旗《たいりょうき》をなびかせ港《みなと》に帰ってくると、浜《はま》は一気ににぎわいました。

漁師《りょうし》たちは※網元《あみもと》からお金をもらって、自信《じしん》に満《み》ちあふれた、満足気《まんぞくげ》な顔で家に帰ります。そんなお父さんは、子どもたちのほこりです。

※網元《あみもと》＝漁網《ぎょもう》や漁船《ぎょせん》を所有《しょゆう》する漁業経営者《ぎょぎょうけいえいしゃ》。漁師《りょうし》たちの雇《やと》い主《ぬし》

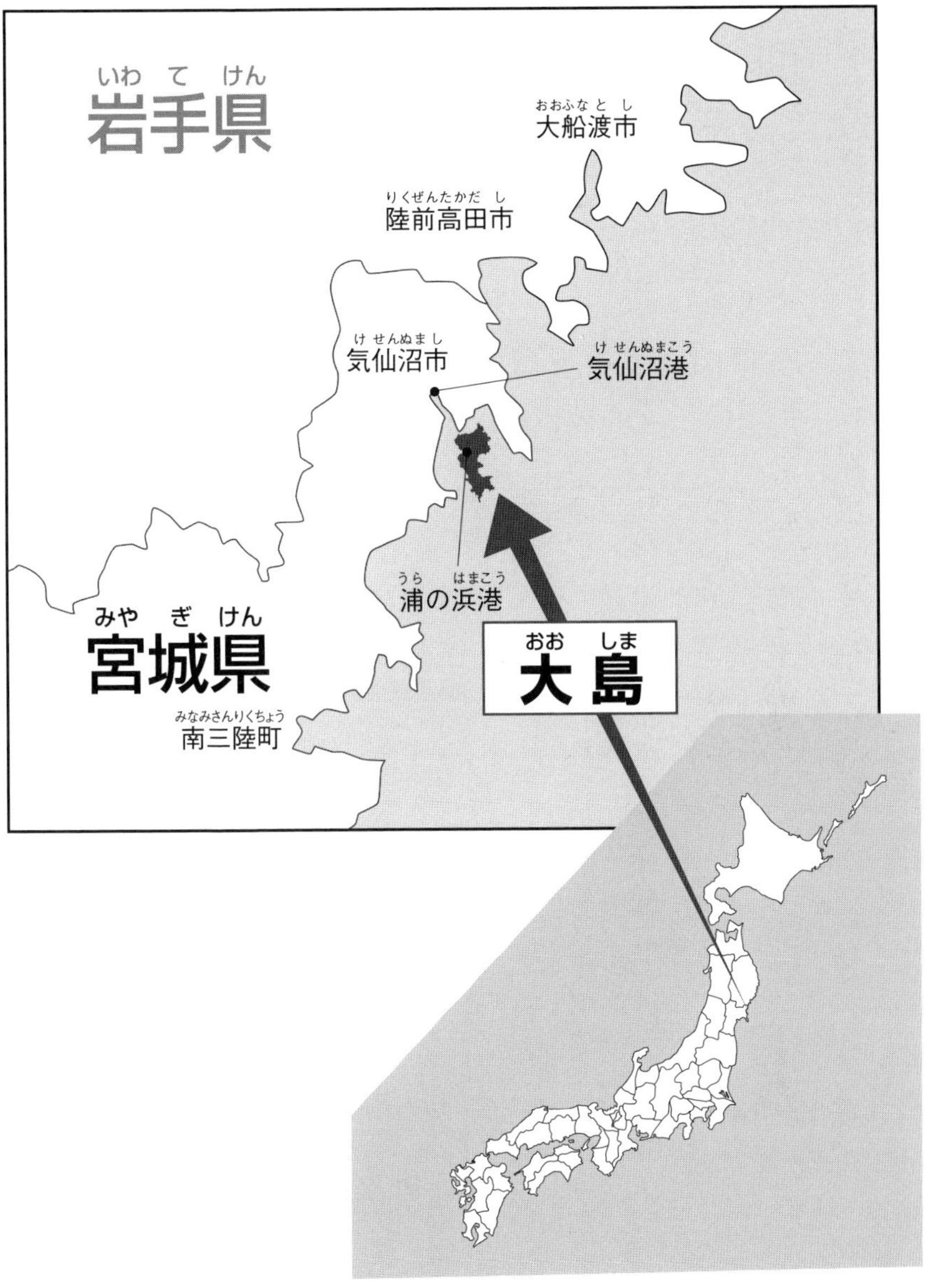
岩手県《いわてけん》
大船渡市《おおふなとし》
陸前高田市《りくぜんたかだし》
気仙沼市《けせんぬまし》
気仙沼港《けせんぬまこう》
浦《うら》の浜港《はまこう》
宮城県《みやぎけん》
南三陸町《みなみさんりくちょう》
大島《おおしま》

菅原進《すがわらすすむ》さんのお父さんも漁師《りょうし》です。でもお金を家に持《も》って帰りませんでした。お父さんがお酒《さけ》好《ず》きなのを知っている網元《あみもと》は、仕事《しごと》が終《お》わるとお父さんにお酒《さけ》を飲《の》ませました。それがお給料《きゅうりょう》の代《か》わり、ということがゆるされる時《じ》代《だい》だったのです。

だから、菅原《すがわら》さんの家は貧乏《びんぼう》でした。学校に着《き》ていく洋服《ようふく》が、小さくなってきつくなっても、やぶけていても、買ってもらえませんでした。ノートに書くところがなくなっても、えんぴつが短《みじか》くなっても、家にお金がないのを知っているので、買ってほしいといい出せません。菅原《すがわら》少年は、いつもわすれたふりをしました。

「わすれ物《もの》をしないように、学校で使《つか》う道具《どうぐ》は、前の日にちゃんとそろえておくんだぞ」

先生から注意《ちゅうい》されるたびに、菅原《すがわら》少年は下を向《む》きました。頭をたれていると、自分が小さくなっていく気がしました。

お弁当《べんとう》だってありません。みんながおいしそうにお弁当《べんとう》を食べはじめると、おなかの虫がぐーぐー鳴きました。

（おれもみんなとお弁当《べんとう》が食べたいな）と、心の中でつぶやくと、おなかの虫は、ますますさわぎました。おなかを両手《りょうて》でおさえると、気持《きも》ちがちぢんでいくようでした。

そんなとき、菅原《すがわら》少年は山に行きました。

山の空気は、さわやかです。太陽《たいよう》に照《て》らされて、木々の葉《は》がかがやいています。

「山はいいなあ。気持《きも》ちがせいせいする」

ちぢこまっていた菅原《すがわら》少年の心も体も、ほどけてのびのびしていきます。

山では、鳥の友だちがたくさんできました。仲良《なかよ》しになって名前もおぼえました。ウグイス、フクロウ、オナガ、ヤマガラ、セキレイ、ノビタキ、カッコウ、ガン、モズ、カラス、トビ、カモメ、まだまだたくさんわかります。

菅原《すがわら》少年には、もうひとつ好《す》きなことがありました。大工さんの仕事《しごと》を見ることです。家を建《た》てるのを見るのは、楽しい。カンナが、うすいカンナくずをはき出しながら、するする走っていくのも、金槌《かなづち》がクギを一発《ぱつ》で打《う》ちこむのも、見ていて気持《きも》ちがいいと感《かん》じました。

ときどき、木《こ》っ端《ぱ》がもらえました。木《こ》っ端《ぱ》というのは、材木《ざいもく》の切れ端《はし》のことです。それでカタカタ舟《ぶね》を作りました。カタカタ音を立てて走る、おもちゃの舟《ふね》です。

巣箱《すばこ》を作ることもありました。菅原《すがわら》少年の巣箱《すばこ》は、住《す》み心地《ごこち》がいいのか、たびたび小鳥が住《す》みつきました。

菅原《すがわら》少年は、野鳥たちにやたらに手を出したりはしませんが、ウグイスが家のまどにぶつかって、脳《のう》しんとうを起《お》こしたときは、手の中で落《お》ち着《つ》かせました。凍傷《とうしょう》で爪《つめ》を痛《いた》めたタカをつかまえて、元気にしてやったこともあります。

中学生になったときです。タイミングよく、シジュウカラが巣《す》をかけているところを見つけました。菅原《すがわら》少年は、毎日見にいきました。木に登《のぼ》って、巣《す》の中をのぞくと、たまごが九個《こ》産まれていました。

夏休みには、朝四時には山に入りました。親鳥が、エサをくわえて、巣《す》に出入りするようになっています。菅原《すがわら》少年に気がついて、親鳥がおどおどしたので、「こわがらなくていいよ。何にもしないから。ただ見ているだけ」と、やさしくシジュウカラに話しかけました。すると、その気持《きも》ちが伝《つた》わったかのように、親鳥は落《お》ち着《つ》いて、菅原《すがわら》少年の頭の上を飛《と》ん

中学校の同級生《どうきゅうせい》と。後列《こうれつ》左から2番目が菅原《すがわら》さん

で、巣《す》に出入りするようになりました。

「鳥だってな、ちゃんといってやればわかるんだよ」

菅原《すがわら》少年は、弟の和郎《かずろう》さんに教えてやりました。和郎《かずろう》さんは、そんなやさしい兄を心から尊敬《そんけい》しました。

菅原《すがわら》少年は、シジュウカラの観察記録《かんさつきろく》をつけていました。それを夏休みの宿題《しゅくだい》として提出《ていしゅつ》すると、「これは、すごい記録《きろく》だ」と感心《かんしん》して、先生は、夏休みの全国観察記録《ぜんこくかんさつきろく》コンクールに出しました。

しばらくして、学校にうれしい知らせがとどきました。

「おまえ、すごいぞ。文部大臣努力賞《もんぶだいじんどりょくしょう》だぞ。ほら、見てみろ。この紙に、ちゃんと書いてあるだろう」と、先生はその手紙を菅原《すがわら》少年に見せて、全校生《ぜんこうせい》徒《と》の前で、表彰《ひょうしょう》をしてくれました。

「菅原進《すがわらすすむ》くんは、よく観察《かんさつ》する力がありますね。文部大臣表彰《もんぶだいじんひょうしょう》されたのは、東北《とうほく》で三人だけです。よかった、よかった」

校長先生も、たくさん拍手《はくしゅ》してくれました。

海の男、菅原《すがわら》さん

中学を卒業《そつぎょう》するとき、学校の先生が菅原《すがわら》少年に、高校に行って勉強《べんきょう》を続《つづ》けなさいといいました。そして、家へやってきて、お父さんにたのんでくれました。

「進《すすむ》くんを、進学《しんがく》させてやってください。勉強《べんきょう》は、進《すすむ》くんのためになると思います」

お父さんは、おこりました。

「ねぼけたことをいうな。勉強《べんきょう》して腹《はら》がいっぱいになるか。とっとと帰れ」

竹棒《たけぼう》をふり回して、先生を追《お》いはらってしまいました。

（やっぱり無理《むり》かあ……。母さんに楽させたいし、おれがかせがなくっちゃな）

菅原《すがわら》少年は、進学《しんがく》したい気持《きも》ちをぐっとおさえて、お父さんの意見《いけん》にしたがいました。

小さいとき、高い木のてっぺんで、菅原《すがわら》少年は、（大きくなったら何になろう……）と考えたことがありました。

（海は広いなあ。どこまでも続《つづ》いている。海には何があるんだろう。海はでっかい。知らないことがいっぱいありそうだ。海はおもしろいかもしれないぞ）

それで、菅原《すがわら》さんは、漁師《りょうし》になりました。

はじめは、気仙沼港《けせんぬまこう》のそばで漁《りょう》をしました。漁船《ぎょせん》は木の船です。十人くらいが乗《の》りこみます。よく日に焼《や》けた漁師《りょうし》たちは大きく、太いうでは丸太のようです。網《あみ》をしぼるとき、筋肉《きんにく》が小さな山のようにもりあがります。中学を卒業《そつぎょう》したばかりの菅原《すがわら》少年は、まだ細くていかにも弱そうでしたが、力いっぱい働《はたら》きました。やる気にかけては、大人にだって負《ま》けませんでした。

タラやカツオやサンマが、船にあふれそうにとれました。港《みなと》に帰るたび、むかえに出てくる女の人や子どもたちを見て、子どものころにあこがれた、あの自信《じしん》に満《み》ちあふれた大人たちの仲間《なかま》入りができたような気がして、ほこらしい気持《きも》ちになりました。

そのうち、菅原《すがわら》少年は、何人もの漁師《りょうし》を乗《の》せて、たくさんの魚を運《はこ》ぶ船はすごいと思うようになりました。それで、船に乗《の》りながら船のことを学びはじめました。

船の部位《ぶい》には、人間の体のように、それぞれの役目《やくめ》があることがわかりました。重要《じゅうよう》な役目《やくめ》をするのは、エンジンです。エンジンの仕組《しく》みに興《きょう》味《み》を持《も》った菅原《すがわら》少年は、学校に通わずに、エンジンの整備《せいび》ができる「機《き》関士《かんし》」の国家資格《しかく》を取《と》りました。数十名のうち三名の合格者《ごうかくしゃ》という、む

活気あふれる気仙沼港《けせんぬまこう》のようす（昭和《しょうわ》38年撮影《さつえい》）

ずかしい試験《しけん》に合格《ごうかく》したのです。

そうしているうち、マグロをとるために、日本から遠くはなれた大西洋《たいせいよう》の海へ出ていくことになりました。今度《こんど》は、鉄《てつ》の船です。そのころはまだ、木の船の方が多かったので、鉄《てつ》の船の乗組員《のりくみいん》になったときは、一人前の漁師《りょうし》になったみたいで、自信《じしん》がわいてきました。

仲間《なかま》は、菅原《すがわら》さんのようにわかくて、みんな力があふれていました。

「マグロ、百本とるぞお」

「百本だあ? そんなみみっちいことというなよ。おれたちの船見たら、マグロがどうぞとってくださいって、向《む》こうから頭さげて、やってくるさ」

「やれとれ、それとれ。千本だあ万本だあ。ああ、多すぎて数えられないよお」

ひっくり返《かえ》った仲間《なかま》のまねをして、みんなつぎつぎにひっくり返《かえ》っては、「数えられないよお」「数えられないよお」と大笑《おおわら》いしました。

マグロ船は、まずハワイを目指《めざ》して太平洋《たいへいよう》を走り、その近くでマグロをと

マグロ漁船《ぎょせん》で世界中《せかいじゅう》を旅《たび》していたころの菅原《すがわら》さん。船で飼《か》っていたサルも、すぐになついてしまった

って、そこからアメリカ大陸《たいりく》に向《む》かい、パナマ運河《うんが》をぬけてカリブ海でも漁《りょう》をしました。キューバやイタリアを基地《きち》にしながら、世界中《せかいじゅう》を走りました。

一度《ど》マグロ船に乗《の》ると、二年は日本に帰れません。菅原《すがわら》さんは、お母さんの喜《よろこ》ぶ顔が見たい、弟たちのためにもがんばりたい、そう思って一年余計《よけい》に漁《りょう》にはげみました。

菅原《すがわら》さんは、二十七歳《さい》で結婚《けっこん》してからもマグロ船に乗《の》っていました。

漁《りょう》の途中《とちゅう》で赤ちゃんが産《う》まれたことを知らされ、会えると思ってわくわくして帰ったのに、赤ちゃんはもう歩いていて、知らない人がきたと、逃《に》げていってしまいました。だっこしたいのに、菅原《すがわら》さんの顔を見て泣《な》くのです。

(家族《かぞく》のそばで、くらしたいなあ。船に乗《の》る仕事《しごと》で、家族《かぞく》のそばにいられる仕事《しごと》……。何かないかなあ)

しばらくして、知り合いの鉄工所《てっこうじょ》が、船を手放《てばな》そうとしていることを知りました。古い船ですが、きちんと整備《せいび》すればまだ使《つか》えそうです。この話は、菅原《すがわら》さんにいい仕事《しごと》を、思いつかせました。

「連絡船《れんらくせん》だ。臨時便《りんじびん》の連絡船《れんらくせん》を走らそう」

菅原《すがわら》さんと結婚《けっこん》したばかりのころ、妻《つま》のヨシ子さんは、用事《ようじ》があって岩手《いわて》県《けん》の実家《じっか》に帰ったことがありました。早く帰るつもりでしたが、お母さんと話すだけでも、うれしい。妹とお菓子《かし》を分け合って食べても、楽しい。ついつい時間がたって、気がついたら、気仙沼《けせんぬま》から大島《おおしま》へわたる定期船最終便《ていきせんさいしゅうびん》の出発《しゅっぱつ》時間がせまっていました。

ヨシ子さんは港《みなと》に急《いそ》ぎました。海が見えるところまできたとき、定期船《ていきせん》は港《みなと》をはなれていました。大島《おおしま》は、すぐそこに見えます。でも、水の上を歩いていくわけにはいきません。

大島《おおしま》に帰れなくて泣《な》きたくなったと、ヨシ子さんが話していたことを、菅原《すがわら》さんは思い出したのです。仕事《しごと》の帰りに、お酒《さけ》をちょっと飲《の》んで、つかれをふき飛《と》ばして帰る人だっているはずです。気仙沼《けせんぬま》で寄《よ》り合いがあって、おそくなることだってあるでしょう。

定期船《ていきせん》の最終便《さいしゅうびん》は、午後六時半です。

不便《ふべん》を感《かん》じていても、大きな客船《きゃくせん》を走らせるとなると、たくさんのお金が必要《ひつよう》になることを、みんなは知っていました。だから、がまんしているのです。

(もっとおそくまで走る連絡船《れんらくせん》があったら、大島《おおしま》の人は便利《べんり》になるぞ)

連絡船《れんらくせん》の船長なら、船に乗《の》る仕事《しごと》です。

気仙沼港《けせんぬまこう》から大島《おおしま》までは、約《やく》七キロメートル。片道《かたみち》二十五分くらいで行ったりきたりできます。だから、マグロ船に乗《の》っていたときのように長い間留《る》守《す》にせず、いつでも家族《かぞく》のそばにいられます。菅原《すがわら》さんの願《ねが》いがかないます。

そして、何より大島《おおしま》のみんなのためになります。

「よし、おれは、連絡船《れんらくせん》の船長になるぞ」

昭和《しょうわ》四十五年、菅原《すがわら》さんが二十九歳《さい》のときでした。

第2章

船長さんは大工さん

心であくしゅ

気仙沼港《けせんぬまこう》と大島《おおしま》を行き来する場合、ほとんどの人は定期船《ていきせん》を使《つか》います。定《てい》期船《きせん》は、大きな路線《ろせん》バスのようなイメージです。たくさんの人を乗《の》せて、決《き》まった時間に走ります。

それとくらべると、菅原《すがわら》さんの連絡船《れんらくせん》は、タクシーのようです。タクシーといっても、廃船《はいせん》を改装《かいそう》したのでピカピカではありません。でも、必要《ひつよう》なときには、いつでも走ってくれました。島《しま》には、大きな病院《びょういん》はありませんから、急病人《きゅうびょうにん》が出たときなど、菅原《すがわら》さんの連絡船《れんらくせん》はたよりになりました。

ところが、菅原《すがわら》さんが手に入れた船は、小さかったのです。

（もう少し大きいといいんだがなあ。やっぱり新しい船を作ろう）

長く使《つか》える、新しいじょうぶな船を作るためには、たくさんのお金が必要《ひつよう》です。

菅原《すがわら》さんは、またマグロ船に乗《の》り、二年間、機関長《きかんちょう》として世界中《せかいじゅう》を走りました。そして、木造《もくぞう》でしたが、念願《ねんがん》の新しい船ができあがりました。

「前よりずっと大きいぞ。この船なら、少々の波《なみ》ではゆれないさ」

客室《きゃくしつ》には、廃車《はいしゃ》となったバスのいすや手すりなども取《と》りつけました。ペンキをぬって仕上《しあ》げてから、菅原《すがわら》さんは、船室にひまわりの造花《ぞうか》をかざりました。

「うん、にあうぞ」

菅原《すがわら》さんは、船首の左右に「ひまわり」と、くっきり書きました。

「ひまわり」の運行《うんこう》をはじめる前の家族写真《かぞくしゃしん》。一番左で、産《う》まれたばかりの長女・美津江《みつえ》さんをだいているのが菅原《すがわら》さん。そのとなりが妻《つま》のヨシ子さん

ボーボー

汽笛《きてき》が湾内《わんない》にひびきます。

「『ひまわり』よ、おれとおまえは、これから一体だぞ。心をひとつにがんばろう」

菅原《すがわら》さんの相棒《あいぼう》ができました。

「よろしくな」

菅原《すがわら》さんは、「ひまわり」と、心のあくしゅをしました。力いっぱいのあくしゅです。

「ひまわり」は、大島《おおしま》の人の足になりました。よばれればいつでも走るので、便利《べんり》な足になっています。

十二月の寒《さむ》い日でした。夜、菅原《すがわら》さんの家の戸が、どんどんどん、とたたかれました。

「ひまわりさん、お願《ねが》いしますよ」

浜《はま》さんの声です。菅原《すがわら》さんは飛《と》び起《お》きました。時計《とけい》は十一時を回っています。

「こんな時間に悪《わる》いねえ」

「ちゃんと病院《びょういん》へ連《つ》れていくから。心配《しんぱい》しないでだいじょうぶだから」

菅原《すがわら》さんは、前からたのまれていたのです。


「ひまわりさん、うちのさよ子の赤ちゃん、夜中に産《う》まれそうになったら、たのみますよ」

「お母さん、わたしのお産《さん》は、まだ二カ月も先ですよ」

「お産《さん》は思い通りにはいかないもの。ひまわりさんにたのんでおけば、安心《あんしん》だからね」

そんなやりとりを聞きながら、菅原《すがわら》さんは、浜《はま》さんの娘《むすめ》さんが安心《あんしん》して元気な赤ちゃんを産《う》めるように、スムーズに病院《びょういん》へ連《つ》れていく方法《ほうほう》をあれこれ考えておいたのです。

大きな荷物《にもつ》を持《も》って、さよ子さんを乗《の》せ、菅原《すがわら》さんは、ひまわりのエンジンをかけました。

「『ひまわり』よ、安全第一《あんぜんだいいち》で行こう」

無事《ぶじ》、気仙沼港《けせんぬまこう》に着《つ》くと、菅原《すがわら》さんはほっとしました。

「ひまわりさん、ありがとう」

「しっかり産《う》んでおくれな」

「ひまわり」にとって、さよ子さんがはじめて乗《の》せた産婦《さんぷ》さんでした。それからはすっかりたよりにされ、菅原《すがわら》さんは、夜の気仙沼湾《けせんぬまわん》を、何人の産婦《さんぷ》さんを乗《の》せて運《はこ》んでいったことでしょう。

急病人《きゅうびょうにん》が出ることもありました。そのたびに菅原《すがわら》さんは飛《と》び出していって、「ひまわり」の舵《かじ》を取《と》りました。

「『ひまわり』よ、安全《あんぜん》に行こう。このお客《きゃく》さんは頭が痛《いた》いんだ。おだやかに走ろうぜ」

レモン色の月をうつす波《なみ》を切って、ひまわりは静《しず》かに進《すす》みます。

「ひまわり」は、海のタクシーとして、朝早くても夜おそくても、「お願《ねが》いします」といわれれば、「はい、引き受《う》けました」と、気持《きも》ちよく走ります。海が荒《あ》れれば出航《しゅっこう》できませんが、そうでない日は「いつでもどうぞ」の精神《せいしん》です。「ひまわり」は、島《しま》の人にとって便利《べんり》な足になりたいのです。

およめさんとして大島《おおしま》から出て行く人、また、大島《おおしま》にくる人もたくさん乗《の》せました。また、気仙沼《けせんぬま》の病院《びょういん》で亡《な》くなった人を大島《おおしま》に連《つ》れて帰ったり、お葬式《そうしき》をするため気仙沼《けせんぬま》まで送《おく》ったりすることもありました。

そんなとき、お客《きゃく》さんに「おかげさまでした」といわれると、何よりのはげみになりました。連絡船《れんらくせん》「ひまわり」が、島《しま》の人になくてはならないものになった、と感《かん》じられるからです。

菅原《すがわら》さんが連絡船《れんらくせん》をはじめてから十五年がすぎ、昭和《しょうわ》六十年代《ねんだい》になると、日本でも有数《ゆうすう》の漁港《ぎょこう》である気仙沼港《けせんぬまこう》には、最新型《さいしんがた》の船がビュンビュンと行き交うようになりました。

「島《しま》のみんなのために、そして島《しま》にやってくるお客《きゃく》さんのためにも、もっと速《はや》くて安全《あんぜん》な船を作らなくちゃな」

菅原《すがわら》さんはまたお金をためて、今度《こんど》は強化《きょうか》プラスチック製《せい》の最新《さいしん》の船を造《つく》ってもらいました。

客室《きゃくしつ》には、お客《きゃく》さんからプレゼントされた「ひまわり」の絵がかざられている

ただ、そこで終《お》わらないのが菅原《すがわら》さんです。お客《きゃく》さんがより快適《かいてき》に乗《の》れるよう、いろいろと工夫《くふう》をしました。

客室《きゃくしつ》には、また廃車《はいしゃ》になったバスを安《やす》く買いあげて、リクライニングができる、ふかふかのいすを取《と》りつけました。外の景色《けしき》を楽しんでもらうため、大きなまどのついた客室《きゃくしつ》を、もうひとつ作りました。手作りの味《あじ》がある客室《きゃくしつ》ですが、どんなゆれにもびくともしない、がんじょうな客室《きゃくしつ》です。菅原《すがわら》さんがわかいときに覚《おぼ》えた大工のうでは、たしかなものでした。

この、現在《げんざい》も元気に活躍《かつやく》する二代目《だいめ》の「ひまわり」は、島《しま》のみんなに愛《あい》される船になりました。

ひまわりさんの家

菅原《すがわら》さんは、四十九歳《さい》になったとき、新しい家を建《た》てることにしました。

結婚《けっこん》したとき、菅原《すがわら》さんとヨシ子さんがくらしはじめた家は小さくて、二人、三人と子どもが増《ふ》え、大きくなるにつれ、家はますますせまく感《かん》じました。

（いつか広い家を建《た》ててやるぞ。そのときは、おれの大工のうでを活《い》かすんだ）

結婚《けっこん》してから二十年以上《いじょう》、菅原《すがわら》さんがずっと願《ねが》ってきたことでした。

幸《さいわ》いなことに、ヨシ子さんのお兄さんが、岩手県《いわてけん》の花巻市《はなまきし》で大工さんをしています。新しい家を建《た》ててもらえるよう、たのみにいきました。

「基本的《きほんてき》な所《ところ》は全部《ぜんぶ》、お義兄《にい》さんにお願《ねが》いします。ただ、自分でできる所《ところ》は、できるだけ自分でやりたいんです。お金がたくさんあるわけじゃありませんからね。自分でやれば、その分でいい材料《ざいりょう》が使《つか》えるでしょう」

「それはそうだな。進《すすむ》さんは器用《きよう》だから、いい家ができそうだね」

「『ひまわり』の仕事《しごと》は、手をぬかずやって、合間を見て家を建《た》てていくつもりなんです」

「時間がかかるな」

「それは覚悟《かくご》の上です。通常《つうじょう》の三倍《ばい》はかかるでしょうね。でも、おれ、やりますよ」

「よし、わかった。材料《ざいりょう》のことはまかせてもらっていいぜ」

そうして、菅原《すがわら》さんの家作りがはじまりました。

「ヒノキのかおりのする家がいいなあ」

あのかおりは、あこがれです。わかいころ見学にいった、宮城県白石市《みやぎけんしろいしし》にある白石城《しろいしじょう》の柱《はしら》のかおりです。すがすがしい気分になって、気持《きも》ちがしゃんとしました。

「家にあのかおりがしたら、いいなあ」

菅原《すがわら》さんの頭の中に、イメージがうかびます。

「なあ、進《すすむ》さん、このケヤキ、使《つか》うかね」

菅原《すがわら》さんの希望《きぼう》に合いそうな、太くていいケヤキが手に入ったそうです。上の方に節《※ふし》があります。節《ふし》は材木《ざいもく》の強さには関係《かんけい》ありません。ただ見た目が少し

※節《ふし》＝木の幹《みき》から枝《えだ》が出るところ

よくないだけ。そのため、節《ふし》のない材木《ざいもく》にくらべたら、かくだんに安《やす》く手に入ります。

「もちろん、買います」

菅原《すがわら》さんは、見た目なんか気にしません。大事《だいじ》なのは、その材木《ざいもく》が用途《ようと》におうじて、よい働《はたら》きをするかどうかです。

自宅《じたく》がある駒形《こまがた》の浜《はま》で、朝早く、槌音《つちおと》がひびくようになりました。そうかと思うと、夜おそくまで、ノコギリを引く音がしています。「ひまわり」の仕事《しごと》の合間をぬって、菅原《すがわら》さんが、家を作っているのです。

菅原《すがわら》さんは、みんなが使《つか》う部屋《へや》の他《ほか》に、工夫《くふう》して、宝物部屋《たからものべや》を作ることにしました。三角の空間ですが、子どもたちの思い出がつまった部屋《へや》にしたのです。赤ちゃんのときの写真《しゃしん》、父の日にかいた絵、楽しく読んでいたマンガ、夏休みの絵日記、算数のドリル、まだまだお宝《たから》はつめられます。

ここで将来《しょうらい》、孫《まご》たちがかくれんぼをするかもしれません。小さい子なら、ねそべって本を読むことだってできる広さです。

部屋《へや》のかべやお風呂場《ふろば》には、ヒノキや青森《あおもり》ヒバを使《つか》いました。思っていたとおりの新しい木のかおりが、家に満《み》ちています。エンジュというめずらしい木は、階段《かいだん》の手すりにしました。

節《ふし》があったケヤキは、きれいに見えるよう、節《ふし》の向《む》きを工夫《くふう》して立てました。この木は、屋根《やね》の重《おも》みをささえる大事《だいじ》な役目《やくめ》をしています。

雪がふっても、マフラーをぐるぐるまいて、大工仕事《しごと》を続《つづ》けました。

建設中《けんせつちゅう》の家と次女《じじょ》の恵理子《えりこ》さん

一人でこつこつ、トントントン、トントントン、槌音《つちおと》をひびかせました。

少しずつできあがっていく家を見に、近所《きんじょ》の人がやってきました。

「いい家になったなあ」

「一人でここまで作るなんて、さすがひまわりさんだねえ」

近所《きんじょ》の人たちは、菅原《すがわら》さんが「ひまわり」の客室《きゃくしつ》を作ったことを知っているのです。

「おれの自慢《じまん》を見ておくれ」

菅原《すがわら》さんは、台所《だいどころ》の床板《ゆかいた》をめくりました。四畳《じょう》半ほどの地下倉庫《そうこ》ができています。

「こんなに広く作って、何を入れるんだい?」

「冬の野菜《やさい》を入れるだけじゃ、あまるだろう」

菅原《すがわら》さんは、にんまりします。

「水をたくわえようと思って……」

「えっ？　水？」

　水なんて、水道をひねればほしいだけ出てきます。家の近くには、小川だって流《なが》れています。

「ここなら、四リットルのペットボトルが、百本は入るから、いざというときの水になると思うんだよ」

「いざというとき？　ひまわりさんは用心深《ぶか》いねえ」

「ひまわりさんは、島《しま》のみんなのいざというときを、たくさん経験《けいけん》してるから、用心するようになってしまう

4リットルのペットボトルに水を入れ、いつでも使《つか》えるようにした

んだよ」

近所《きんじょ》の人は、感心《かんしん》したり、あきれたりしました。

いよいよ菅原《すがわら》さん一家の引っ越《こ》しです。

「うわあ、広いなあ。二階《かい》に行ってみよう」

「新しい家のにおいだね」

家族《かぞく》の元気な声が、家中にひびきます。

「家は新しくなったし、同じ場所《ばしょ》にもどれたし、うれしいことずくめ。長いことおつき合いしてきたご近所《きんじょ》のみんなと、またいっしょにやれるわ」

建《た》てかえた家にもどって、ヨシ子さんがほっとしています。引っ越《こ》しの手《て》伝《つだ》いにきてくれた親せきの人もまじって、今夜はお祝《いわ》いです。

その夜、菅原《すがわら》さんは、食卓《しょくたく》を照《て》らす電灯《でんとう》が、いつもの三倍《ばい》も四倍《ばい》も明るく感《かん》じました。家族《かぞく》のうれしそうな顔が、大好《だいす》きなひまわりのようにかがやいて見えました。

大好《だいす》きな海の近くに建《た》てた菅原《すがわら》さんの家（平成《へいせい》23年撮影《さつえい》）

第3章

とてつもない津《つ》波《なみ》

ゆれからはじまった

平成《へいせい》二十三年のお正月、東京《とうきょう》でくらす長女の美津江《みつえ》さんと次女《じじょ》の恵理子《えりこ》さんも帰ってきて、ひさしぶりに家族《かぞく》全員《ぜんいん》がそろいました。

「お父さん、このネコ、少し変《へん》ねえ」

「ああ、ツメがないんだ。弱っていたもんで連《つ》れてきた。放《ほう》っておいたら、タヌキやキツネにやられてしまいそうだしな」

「弱い者《もの》いじめして、タヌキやキツネ、悪《わる》いねえ」

「自然《しぜん》の生き物《もの》は、自然《しぜん》のルールで生きてるんだ。タヌキやキツネを、人間の考えで、悪者《わるもの》にしたらいけないよ」

三女の美希恵《みきえ》さんは、笑《わら》っていいました。

「お父さん、『大島《おおしま》のムツゴロウ』って、いわれるはずだわ。生き物《もの》たちの味《み》方《かた》だもの」

菅原《すがわら》さんは、これまでも野生のタヌキやオットセイになぜかなつかれ、〝動物《どうぶつ》の気持《きも》ちがわかる人〟と、大島《おおしま》ではちょっとした有名人《ゆうめいじん》でした。

「ほんと、ふしぎな人だよ。生き物《もの》だけじゃなく、山だって海だって、何でも味方《みかた》につけちゃうんだから」

ヨシ子さんが菅原《すがわら》さんを見ました。次女の恵理子《えりこ》さんが冷《ひ》やかします。

「お母さんは、お父さんが好《す》きなのねえ」

「だって、お父さんは、空にも土にも、木や虫や小鳥たちにも、いっつも感《かん》謝《しゃ》してるんだよ。ほんとにすごい人だよ」

ヨシ子さんは、むきになって弁解《べんかい》しました。美希恵《みきえ》さんの息子《むすこ》で、いっしょにくらしている孫《まご》の輝星《きら》くんが、口をはさみました。

「海にゴミをすてたとき、『輝星《きら》は、ゴミをもらったら、うれしいかい』って、じいちゃんにきかれたよ。ぼくがゴミを拾《ひろ》ったら、じいちゃん、にこにこしたんだ」

「輝星《きら》が海をよごさなかったから、じいちゃん、うれしかったんだね」

「じいちゃんと海は、特別《とくべつ》だからなあ」

菅原《すがわら》さんは、みんなに話題《わだい》にされて、くすぐったい気持《きも》ちでした。それでわざと無表情《むひょうじょう》でいいました。

「海は友だちさ。けど、あれだけでっかいんだ。やさしい顔ばかりはしてないぞ。海をなめたらだめだ」

それから、前々から気になっていたことを注意《ちゅうい》しました。

「高いところに物《もの》をしまうな。落《お》ちてきて、けがでもしたらつまらんよ」

「突然《とつぜん》何いうの。お父さんは、心配性《しんぱいしょう》だわ。そういえば去年《きょねん》も、同じことをいってたわ」

「たなの物《もの》を下におろしたら、かたづかないじゃないの。ねえ」

「考えすぎると、また白髪《しらが》がふえちゃうわよ」

子どもたちに笑《わら》われても、菅原《すがわら》さんはいい返《かえ》しません。子どもといったって、もうりっぱな大人です。お母さんになっている人もいるのです。

「お父さん、いくつになったの？」

「六十九だよ」

「そんなになったの？」

美津江《みつえ》さんが、目をまあるくしました。

「おどろくことはないだろう。おまえたちがそんなに大きくなったんだ。親だって年を取《と》ってるの」

冗談《じょうだん》をいってから、菅原《すがわら》さんは、「去年《きょねん》も同じことといってたわ」と笑《わら》われたことを思い返《かえ》しました。ここ数年、むなさわぎがしているのです。何かありそうで落《お》ち着《つ》かないのです。
菅原《すがわら》さんはまた、たなを見あげました。

そのとき、菅原《すがわら》さんは、家で休んでいました。「ひまわり」が出航《しゅっこう》するまでに、時間があったのです。
ゴォ――――ッ
聞いたことがないような、大きな地鳴りがしました。
ゴォ――――ッ
地の底《そこ》からひびいてきます。
「……なんだ」
菅原《すがわら》さんは身《み》がまえました。つぎのしゅんかん、はげしいゆれがきました。

家中がガタガタと音を立て、障子《しょうじ》やふすまがはずれそうになりました。庭《にわ》を見ると、地面《じめん》が見たこともないほど大きく波打《なみう》っています。

「地震《じしん》だ！」

三月十一日、午後二時四十六分でした。宮城県沖《みやぎけんおき》の海底《かいてい》二十四キロメートルの深《ふか》さのところで、マグニチュード九・〇の地震《じしん》が起《お》きました。マグニチュード九・〇の地震《じしん》は、六百年に一度《ど》あるかないかの大きな地震《じしん》です。太平洋《たいへいよう》プレート※と北《きた》アメリカプレートが、ぶつかるところが震源《しんげん》でした。二つのプレートのさかい目でずれが起《お》きたのです。

家には、三女の美希恵《みきえ》さんと孫《まご》の日菜乃《ひなの》ちゃんがいました。輝星《きら》くんはまだ保育所《ほいくしょ》にいます。

「津波《つなみ》がくるかもしれない。美希恵《みきえ》、おまえは日菜乃《ひなの》と輝星《きら》をつれて、すぐに高台の洗車場《せんしゃじょう》へにげろ。おれもすぐ行くから」

菅原《すがわら》さんは、指示《しじ》を出しました。

※プレート＝地球《ちきゅう》の表面《ひょうめん》を覆《おお》う、厚《あつ》さ数10から200キロメートル程度《ていど》の固《かた》い岩石の層《そう》

（むなさわぎは、このことだったのか……）

菅原《すがわら》さんは、仕事に行っているヨシ子さんのことが気になりました。でも、口にはしませんでした。大島《おおしま》のある三陸海岸地域《さんりくかいがんちいき》には、『津波《つなみ》てんでんこ』という言葉《ことば》があります。津波《つなみ》のときは、誰《だれ》かを待《ま》たずに、一刻《いっこく》も早くにげる。命《いのち》が大切だから、てんでんばらばらになっても、まずにげる。それぞれが『津波《つなみ》てんでんこ』をやっているのだから、みんながにげているはずだ。それを信《しん》じて自分の命《いのち》を最優先《さいゆうせん》してにげる。そんな意味《いみ》の言葉《ことば》です。

菅原《すがわら》さんは、水門をしめるため外に出ました。

木がわさわさゆれています。電線が波打《なみう》っています。大なわとびのなわのようです。ゆれがはげしくて、立っていられません。

菅原《すがわら》さんはふるえました。こぶしがかたくにぎられています。武者《むしゃ》ぶるいです。まだゆれています。このゆれ方は、経験《けいけん》したことがありません。もしかしたら、大島《おおしま》にいい伝《つた》えられている、昔《むかし》あったような大地震《だいじしん》かもしれません。室町時代《むろまちじだい》の大地震《だいじしん》では、大島《おおしま》が津波《つなみ》で三つにちぎられたと、聞いたことがありました。

「津波《つなみ》がくるぞ！」

菅原《すがわら》さんは、あわててなかなか足が入らない長靴《ながぐつ》をむりやりはくと、まず家の前の小川の水門をしめにいきました。それから、砂浜《すなはま》にある堤防《ていぼう》へ向《む》かいました。この堤防《ていぼう》のゲートは重《おも》くて、いつもなら三人がかりでしめるのですが、人をよんでいるひまはありません。考えているひまもありません。

この重《おも》いゲートを、菅原《すがわら》さんは一人で動《うご》かした

菅原《すがわら》さんは、ありったけの力で動かしました。ここ一番というときに、人間はとてつもない力が出るものです。ゲートはしまりました。

このとき浜《はま》には、すでに大きな音を立てて、波《なみ》がよせはじめていました。

菅原《すがわら》さんは、浜《はま》にいた消防《しょうぼう》の人にいいました。早口になっています。

「津波《つなみ》がくるぞ」

消防士《しょうぼうし》たちは、ひどくのんびり答えました。

「そうみたいですね」

「おまえさんらも高台ににげた方がいい」

消防士《しょうぼうし》たちはわかいので、津波《つなみ》のこわさを知らないのでしょうか。大島《おおしま》にも、ときどき津波警報《つなみけいほう》が出ますが、ほとんど海面《かいめん》が五十センチメートルあがる程度《ていど》でした。さわぎ立てることはないと思っているのかもしれません。

「早くにげるんだぞ」

いい置《お》いて、菅原《すがわら》さんは、車を飛《と》ばして浦《うら》の浜《はま》に向《む》かいました。

「ひまわり」の船体を、海水がなめています。

「もう水がきている」

津波《つなみ》が湾内《わんない》の水を、おしながら近づいているのです。おし波《なみ》です。

大島《おおしま》の船は、まだ一そうも海に出ていないようです。このままでは、船は残《のこ》らず津波《つなみ》にやられてしまうでしょう。

もし、船が一そうもなくなったら、大島《おおしま》は孤立《こりつ》してしまいます。

（船がなかったら、島《しま》のみんながこまるんだ）

マグロ船に乗《の》っていたとき、『遠くのしけ※は、早くにげろ。近くのしけは、向《む》かっていけ』と、聞いたことを思い出しました。船乗《ふなの》りの経験《けいけん》がいわせた言葉《ことば》です。

菅原《すがわら》さんは、奥歯《おくば》をぐっとかみしめました。

「『ひまわり』、おれたちは、沖《おき》に出るぞ」

菅原《すがわら》さんが浜《はま》におりました。

※しけ＝強風などの悪天候《あくてんこう》のため海上が荒《あ》れること

浜《はま》は、すっぽり水の中にしずんでしまいました。土色ににごった海水が、長靴《ながぐつ》の中に入りそうです。

菅原《すがわら》さんは、「ひまわり」に飛《と》び乗《の》りました。

津波《つなみ》に向《む》かって

おされてくる波《なみ》は、海の底《そこ》をかき回したのでしょう。海は、にごって黒く見えます。

その海に、菅原《すがわら》さんは「ひまわり」と共《とも》に出ていきました。

家が気になって、ふり返《かえ》りました。波《なみ》が水門をこえるのが見えました。

「家はだめだな……」

菅原《すがわら》さんは、「ひまわり」といっしょに、生き残《のこ》ろうと思いました。

自分で自分に、はっぱをかけます。

「『近くのしけは、向《む》かっていけ』だ」

津波《つなみ》の本体は、もうすぐあらわれるにちがいありません。

エンジン全開《ぜんかい》で、沖《おき》を目指《めざ》します。ところが、「ひまわり」は進《すす》みません。進《すす》むどころか、気仙沼港《けせんぬまこう》の方へ流《なが》されています。おし波《なみ》が、進《すす》もうとする「ひまわり」を、おしもどすのです。

(津波《つなみ》が近づいている。すごい力だ)

「おっ、風が出てきたな」

波《なみ》がうねります。船はうねる波《なみ》に直角にぶつかると、ひっくり返《かえ》されます。

菅原《すがわら》さんは、マグロ船に乗《の》っていたとき、うねりのある波《なみ》を何度《なんど》もよけてきました。

「こんな波《なみ》、乗《の》り切ってやる」

菅原《すがわら》さんが思ったとき、前から、上の方を白くあわ立てながら、大きな津《つ》波《なみ》がせまってきました。

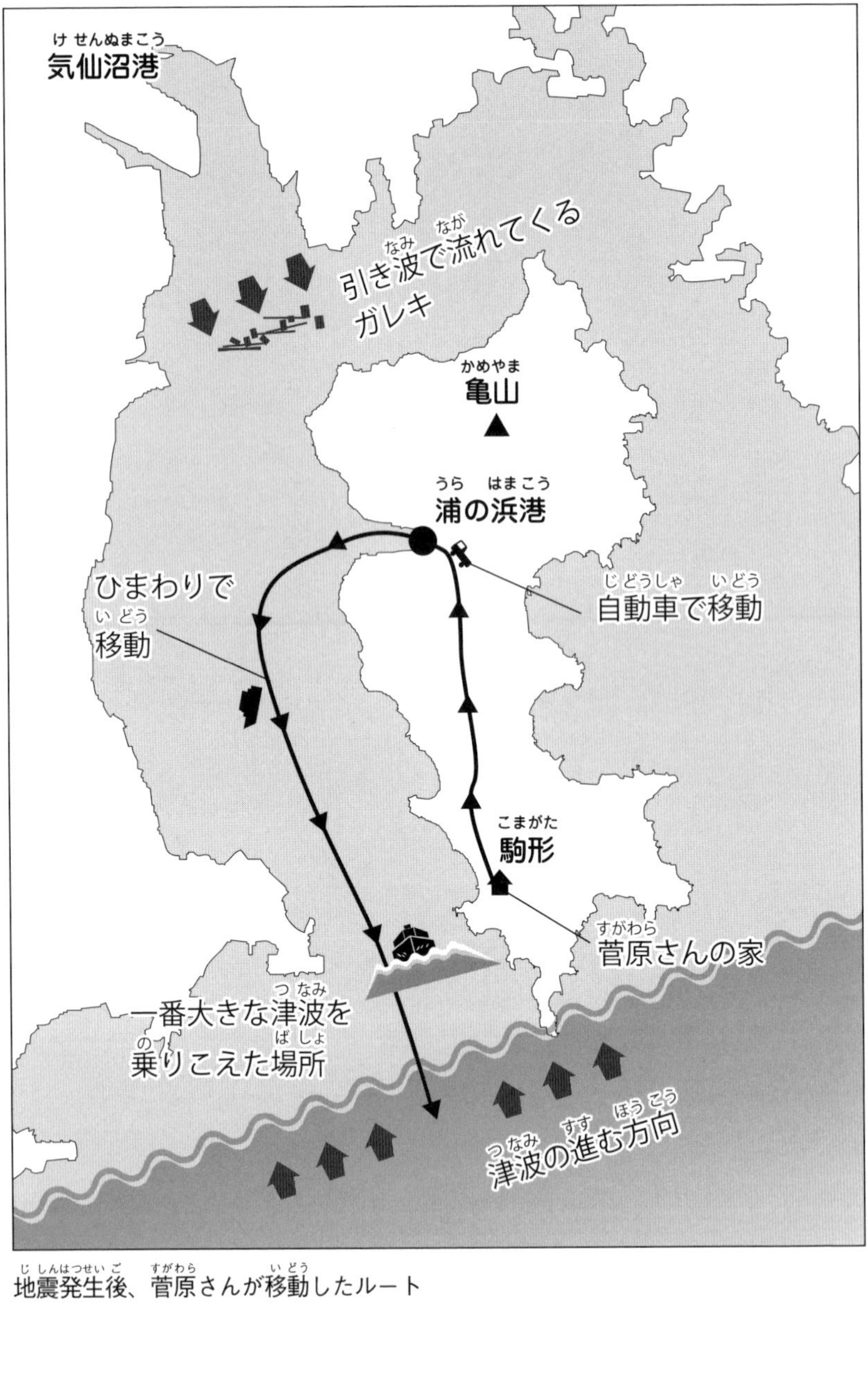

地震発生後《じしんはっせいご》、菅原《すがわら》さんが移動《いどう》したルート

「きたな」

菅原《すがわら》さんは、すがたをあらわした大津波《おおつなみ》の本体を、にらみつけました。一直線で向《む》かってきます。

「『ひまわり』よ、やるしかないぞ」

「ひまわり」に声をかけ、津波《つなみ》に向《む》かっていきます。

後ろから家が流《なが》れてきました。何軒《げん》もつながっています。

「『ひまわり』、いいか。油断《ゆだん》するなよ」

自動車《じどうしゃ》もトラックも、ドラム缶《かん》もポリタンクも、丸太も流《なが》れてきます。おし波《なみ》のあとの引き波《なみ》で、気仙沼港《けせんぬまこう》にあった物《もの》がさらわれていくのです。

（海ぞいが大変《たいへん》なことになっているんだ。うちのみんなが、無事《ぶじ》だといいんだが……）

心配《しんぱい》がわきあがったら、弱気が首をもたげそうでした。

でも、すぐに「しっかりしろ、菅原進《すがわらすすむ》。『ひまわり』が、小さい体でがんばってるんだぞ」と、自分をはげまして、菅原《すがわら》さんは目の前の海を見つめました。

波《なみ》がとつぜん立ちあがりました。まっ黒い林が横並《よこなら》び一列《れつ》になって、せめてくる感《かん》じです。

黒い波《なみ》は、スピードアップしました。せまい湾《わん》にはさまれた波《なみ》は、急激《きゅうげき》に高さをましています。

「ひまわり」が、船首を上にして立ちあがっていきます。

(これでは波《なみ》にまきこまれるな。やられるぞ……)

がんばったけれど、ここで終《お》わりのようです。海に飲《の》みこまれるよりしかたありません。

菅原《すがわら》さんは、「ひまわり」にいいました。

「おれたちは、二十五年以上《いじょう》、いっしょにやってきた。でも、これまでだ。おれは救命胴衣《きゅうめいどうい》を着《き》る。『ひまわり』よ、おまえはおまえの力で生きぬけ」

菅原《すがわら》さんが救命胴衣《きゅうめいどうい》を着《き》るということは、「ひまわり」をおりて、海にただようことを意味《いみ》します。愛船《あいせん》「ひまわり」と別《わか》れることになるのです。生きぬくための、苦《くる》しい覚悟《かくご》でした。

菅原《すがわら》さんは、救命胴衣《きゅうめいどうい》に手をのばしました。が、手がとどきません。なんとか手はふれるのですが、引きよせることができないのです。波《なみ》との戦《たたか》いは、一秒《びょう》のすきもゆるされません。舵取《かじと》りのハンドルから手をはなすのは命取《いのちと》りです。

「ええい、こんな物《もの》、いらない」

菅原《すがわら》さんは、救命胴衣《きゅうめいどうい》をあきらめました。

「『ひまわり』よ、おれたちは心をひとつにして、やってきた。いまは、命《いのち》もひとつだ。死《し》ぬも生きるもいっしょだぞ。『ひまわり』、行くぞ！」

波《なみ》は、そそり立っているように見えます。菅原《すがわら》さんは、覚悟《かくご》を決《き》めて、全《ぜん》速力《そくりょく》で波《なみ》に向《む》かいました。「ひまわり」が、波《なみ》を登《のぼ》っていきます。

おそらく十五、六メートルを一気にかけ登《のぼ》って、「ひまわり」は、ほとんどまっすぐ立ちました。津波《つなみ》のてっぺん近くまで登《のぼ》ったのです。

と、「ひまわり」が軽《かる》くなったように感《かん》じました。今度《こんど》は波《なみ》といっしょに、いや、まるで波《なみ》にいだかれているように、「ひまわり」がくだっていきます。

「ぬけた!」

菅原《すがわら》さんは、思わず頭をさげていました。波《なみ》が、「船は行けよ」と、いったように思いました。くぐりぬけさせてくれたように感《かん》じました。

つぎの津波《つなみ》がきています。今度《こんど》の波《なみ》は、六、七メートルです。さっきより低《ひく》いといっても、ふだんの「ひまわり」では、経験《けいけん》したことのない波《なみ》です。

菅原《すがわら》さんは、油断《ゆだん》しないで舵《かじ》を取《と》りました。「ひまわり」は、また波《なみ》を登《のぼ》り波《なみ》をくだりました。つぎの波《なみ》も登《のぼ》ってまたくだります。乗《の》りこえるたびに、波《なみ》は小さくなっていきます。

(波《なみ》に助《たす》けられたんだ……)

四つ目の波《なみ》を乗《の》りこえたときでした。携帯《けいたい》電話が鳴りました。

「お父さん、いまどこにいるの？」

美希恵《みきえ》さんでした。地震後《じしんご》のパニックでずっと混線《こんせん》していた電話が、ようやくつながったのです。

「おれは、生きてるぞ」

電話の向《む》こうで、美希恵《みきえ》さんが、泣《な》いているのがわかりました。

近所《きんじょ》の小山《おやま》より子さんが、流《なが》されていく家の間をぬって、半分しずみながら沖《おき》に出ていく「ひまわり」を見ていたのです。

「ああ、ぶつかる。ひゃあ、あぶない」

冷《ひ》や冷《ひ》やしながら見ていたと、小山《おやま》さんは教えてくれました。それから、美希恵《みきえ》さんは、ひっきりなしに電話をかけ続《つづ》けたのです。かけてもかけてもつながりません。

（もしかしたら……）

悪《わる》いことも予想《よそう》されて、美希恵《みきえ》さんは、心配《しんぱい》で心配《しんぱい》でしかたがありませんでした。

でも、いま、携帯《けいたい》電話がつながりました。たしかに菅原《すがわら》さんの声です。

「わたしたちは、みんな無事《ぶじ》よ。お父さん、気をつけて」

「おまえたちも、気をつけろ」

菅原《すがわら》さんがいったとき、携帯《けいたい》電話が切れました。もうつながりません。でも、家族《かぞく》が命拾《いのちびろ》いしていることがわかりました。

何度《なんど》かけてもつながらず、美希恵《みきえ》さんはどれだけ心配《しんぱい》したことでしょう。でも、あのときだけ、あの何秒《びょう》かだけ、電話がつながりました。何ともふしぎに思え、はげまされました。

「ありがたい」

菅原《すがわら》さんは、舵《かじ》をにぎり直しました。

が、引き波《なみ》なのでしょう。「ひまわり」が、強い力で沖《おき》に引っぱられてい

津波《つなみ》がきた直後の気仙沼港《けせんぬまこう》のようす。津波《つなみ》は町中のあらゆるものをこわして、海に引きずりこんだ

きます。舵《かじ》がききません。もう五キロメートルは、流《なが》されています。

周《まわ》りを見ると、海とは思えません。めちゃくちゃです。

「ひまわり」の何倍《ばい》もある大きな船が、流《なが》れてきます。引っくり返《かえ》って船底《ふなぞこ》を見せている船も、自動車《じどうしゃ》が引っかかった船も流《なが》れてきます。

屋根《やね》がこわれた家が、ななめにかたむいた家が、引っぱられていきます。根《ね》こそぎたおされた木が、何本も何本も流《なが》れていきます。電信柱《でんしんばしら》も流《なが》されています。

ガレキ、ガレキ、ガレキです。それがみな、引き波《なみ》に引っぱられ流《なが》されているのです。

「このまま引っぱられたら、帰れなくなるぞ」

菅原《すがわら》さんは、再《ふたた》び緊張《きんちょう》のかたまりになりました。

つぎのしゅんかん、菅原《すがわら》さんは舵《かじ》をにぎり直していました。

「潮目《しおめ》に行こう」

少し落《お》ち着《つ》きを取《と》りもどしていたのかもしれません。菅原《すがわら》さんは、そう思いました。

潮目《しおめ》というのは、早さのちがう潮《しお》の流《なが》れがぶつかり合うところで、潮《しお》と潮《しお》の間は、安全《あんぜん》だといわれています。

大島《おおしま》の沖《おき》には、潮目《しおめ》があるのです。島《しま》から五キロメートルから十キロメートルはなれたあたりです。

ガレキの間をぬって、「ひまわり」は、遠くの潮目《しおめ》を目指《めざ》しました。

船のスクリューが、ガレキを引っかけないように、網《あみ》などをまきこまないように、心の中で祈《いの》りました。スクリューが回らなくなれば、ガレキの中で立ち往生《おうじょう》するしかありません。こんなとき、事故《じこ》を起《お》こしても、だれの手も借《か》りられません。「ひまわり」も菅原《すがわら》さんも、海に飲《の》まれてしまいます。

注意深《ちゅういぶか》く進《すす》んで、「ひまわり」は無事《ぶじ》、潮目《しおめ》にたどり着《つ》きました。

第４章

守《まも》られた大島《おおしま》

「ひまわり」、大島《おおしま》に帰る

潮目《しおめ》で、波《なみ》が静《しず》まるのを待《ま》っていると、日がくれてきました。あいにく月も星も見えません。不気味《ぶきみ》にうねる波《なみ》が、黒い生き物《もの》のようです。

陸《りく》の方が赤く見えました。

「火事《かじ》だな」

津波《つなみ》と格闘《かくとう》しているとき、はげしい破裂音《はれつおん》を聞いたように思いました。でも、そのときは一瞬《いっしゅん》も気をぬけない状態《じょうたい》で聞いたので、不確《ふたし》かでした。いまは、あの音は、気仙沼《けせんぬま》でボンベか何かが、いくつもいくつも破裂《はれつ》したのだと、確信《かくしん》できました。

「簡単《かんたん》には、消《け》せないな」

津波《つなみ》にやられた上に、火事《かじ》になってしまったのです。菅原《すがわら》さんは、切なくなりました。力がぬけそうでした。

（大島《おおしま》はどうなっているんだろう……）

大島《おおしま》は、気仙沼湾《けせんぬまわん》にある、緑《みどり》ゆたかな島《しま》です。亀山《かめやま》に登《のぼ》れば、三六〇度《ど》の海と、島《しま》の全景《ぜんけい》と、活気あふれる気仙沼《けせんぬま》とが、目に飛《と》びこんできます。絶景《ぜっけい》です。おいしい魚が食べられるので、観光客《かんこうきゃく》もたくさんおとずれます。

大島《おおしま》は、菅原《すがわら》さんの生まれ育《そだ》った島《しま》です。家族《かぞく》もいます。友だちも、知り合いもたくさんいます。菅原《すがわら》さんにとって、大切な島《しま》です。

「みんな、無事《ぶじ》でいてくれ」

「ひまわり」と菅原《すがわら》さんはいつでも一心同体。この小さな船で、菅原《すがわら》さんは大きな津《つ》波《なみ》を乗《の》りこえた

フルスピードでもどりたくて、気がせいていました。でも、その思いは、何としてもおさえなければなりません。無茶《むちゃ》をしたら、船がガレキにやられてしまいます。

菅原《すがわら》さんは、大島《おおしま》を目指《めざ》し、注意《ちゅうい》をはらってゆっくり進《すす》みはじめました。家が流《なが》れてくると、「おーい、だれかいるかー」と、声をかけます。耳をすまして返事《へんじ》を待《ま》ちます。船を進《すす》めながら、ガレキの間に、人がいないか目をこらします。人がいたら、水の中から引きあげてやりたいのです。

そうしながら、菅原《すがわら》さんは、一晩中《ひとばんじゅう》、休まないで走りました。

大好《だいす》きな人たちの顔がうかびます。

(早く大島《おおしま》へもどりたい)

そう思い続《つづ》けて、「ひまわり」を走らせました。

朝五時。あたりが明るくなってきました。うねりは、ぴたっとおさまって、波《なみ》が静《しず》かです。

「『ひまわり』よ、おれたちはどうにか生きのびたな」

あたりを見回した菅原《すがわら》さんは、一瞬《いっしゅん》あせりました。どこにいるのかわからないのです。方向感覚《ほうこうかんかく》がにぶってしまったのでしょうか。

菅原《すがわら》さんは、一睡《いっすい》もしないで、大島《おおしま》に向《む》かっているつもりでした。ところが、ちがう方向《ほうこう》へ走り続《つづ》けていたようです。

遠くに大島《おおしま》が見えます。火事《かじ》にはなっていないようで、少し安心《あんしん》しました。

菅原《すがわら》さんは、舵《かじ》をにぎり直しました。

大島《おおしま》がはっきりと見える場所《ばしょ》までくると、島《しま》の周《まわ》りはガレキだらけで、とても近づけそうにないことがわかりました。

(せっかくここまできたのに……)

どうしたものかと立ち往生《おうじょう》していると、ふしぎなことが起《お》きました。目の前をうめつくすガレキが動《うご》いて、すきまができたのです。

（ガレキがよけてくれる。道を作ってくれているみたいだ……）

菅原《すがわら》さんの目には、そう見えました。

ガレキに囲《かこ》まれた道を「ひまわり」は進《すす》みました。島《しま》に近づくと、大きな船が堤防《ていぼう》を乗《の》りこえて、海岸《かいがん》に打《う》ちあげられているのが見えました。家や車もあちこちにういています。

思わずため息《いき》が出ましたが、「でも、島《しま》は無事《ぶじ》だ」と、菅原《すがわら》さんは自分にいい聞かせました。

少しずつできてくる道にみちびかれるように、「ひまわり」は十五時間ぶりに、浦《うら》の浜港《はまこう》に帰ってきました。

菅原《すがわら》さんは、やっとの思いで島《しま》におりました。すると、ふんばりがききません。ふわふわとういた感《かん》じなのです。足が地面《じめん》についていない気がします。津波《つなみ》をこえたり、荒波《あらなみ》にもまれたり、「ひまわり」といっしょに海の上でずっと緊張《きんちょう》し続《つづ》けていたのです。菅原《すがわら》さんはしっかりしているつもりですが、心や体が、バラバラになっているのかもしれません。

(みんなはどうしているかな)

家族《かぞく》の顔が目にうかびます。それから、知っている人たちの顔が、つぎつぎにうかんできました。すぐにでも会いたいと、周《まわ》りを見回しましたが、見えるのはガレキだけ。人影《ひとかげ》はありません。

不安《ふあん》な気持《きも》ちを必死《ひっし》でおさえて、菅原《すがわら》さんは歩き出しました。

すると、

「助《たす》かって、よかった……」

後ろから声がしました。ふり返《かえ》ると、ヨシ子さんがいました。

ヨシ子さんがまっすぐ走ってきて、菅原《すがわら》さんにだきつきました。

「あんたあ、あんたあ、あんたあ」

ヨシ子さんは、菅原《すがわら》さんをどんどんたたきました。ガタガタゆすりました。子どものように、いいえ、子どもより大きな声で、わあわあと泣《な》きながら。

ヨシ子さんは、心配《しんぱい》で心配《しんぱい》でたまらなかったのです。涙《なみだ》をふり飛《と》ばして、泣《な》き続《つづ》けています。

大声で泣《な》くヨシ子さんを見て、菅原《すがわら》さんは、（助《たす》かったんだ。大島《おおしま》に帰ってきたんだ）と、心から思っていました。

山が火事《かじ》だ

ちょうどそのころ、大島《おおしま》の北側《きたがわ》にある亀山《かめやま》のゆたかな森が、もえはじめていました。

どうやらきのうの夜おそく、火のついたガレキが、外浜《そとはま》に流《なが》れついたようなのです。火はかれ草にもえうつりましたが、雪まじりの小雨《こさめ》がふっていたので消《き》えるだろうと、だれも心配《しんぱい》はしませんでした。

ところが、朝になってみると、火は広がっていて、山の斜面《しゃめん》を登《のぼ》りはじめていました。パチパチはじける音が、あちこちでします。ジジジジ、こげる音もします。

「これでは、島《しま》が丸ごと焼《や》けてしまうぞ」

「これ以上《いじょう》火が広がらないよう、まずは防火帯《ぼうかたい》を作ろう。出られる人は、十字路《じゅうじろ》に集《あつ》まってもらおう」

島《しま》は十字路《じゅうじろ》とよばれる道路《どうろ》で、南と北に分かれます。

津波《つなみ》から助《たす》かった役所《やくしょ》の車が、拡声器《かくせいき》でよびかけながら、島《しま》の中を走りました。

「ガレキを取《と》りのぞきますから、十字路《じゅうじろ》にきてください」

「出られる方は、みんな出てください」

よびかけを聞いた人が、ぞくぞく十字路《じゅうじろ》に集《あつ》まってきました。わかくて元気な人はもちろん、お年よりも、働《はたら》くぞ、力を出すぞという気持《きも》ちを、みなぎらせています。緊張《きんちょう》した顔が見えるのは、火が広まっているようすを耳

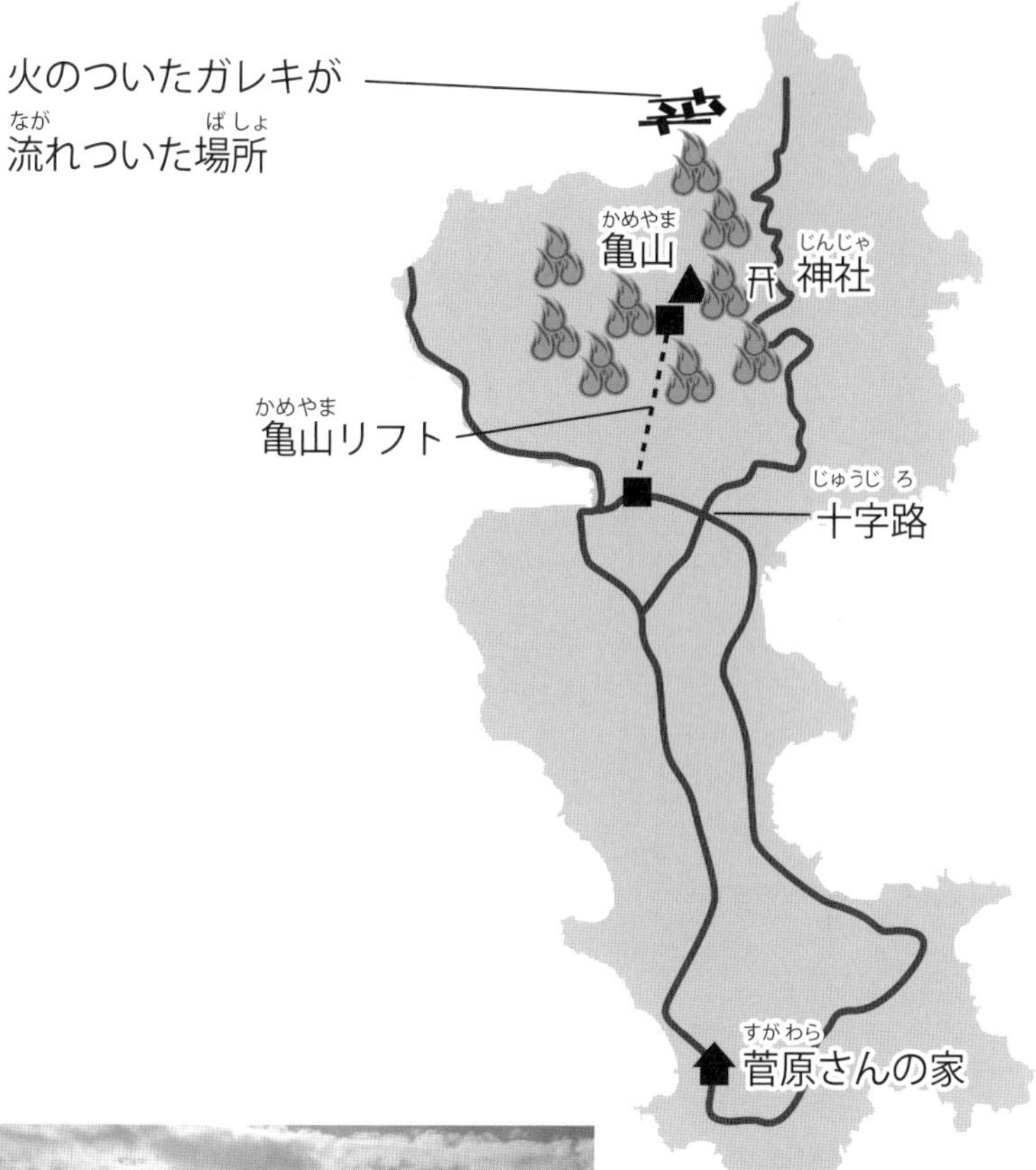

亀山《かめやま》の頂上《ちょうじょう》から見た大島《おおしま》

にしているからです。

でも、ガレキの山を見て、しりごみしました。

「おれらの手に負《お》えないよ」

「津波《つなみ》の力って、ほんとにすごいもんだ」

ガレキの中には、持《も》ち主《ぬし》のわかる物《もの》もあります。こわれて水びたしになっていますが、きのうまで住《す》んでいた家の一部《いちぶ》だったりするのです。みんなはおしだまりました。

十字路《じゅうじろ》近くのリフトが、津波《つなみ》でたおれていました。観光客《かんこうきゃく》が見晴らしのよい亀山《かめやま》の頂上《ちょうじょう》に登《のぼ》るためのリフトです。このリフトができたとき、島《しま》の観光《かんこう》に一役買《ひとやくか》うにちがいないと、みんなでお祝《いわ》いしました。

リフトは、島《しま》の人の財産《ざいさん》です。それが、根元《ねもと》からたおれたすがたは、ショックでした。ぼうぜんとして、手も足も動《うご》かなくなりました。

「残念《ざんねん》だが、リフトはあとだ。急《いそ》いで作業《さぎょう》をしてください」

男の人たちは力を合わせて、津波《つなみ》がさらってきた丸太や角材《かくざい》を運《はこ》びます。急《いそ》がないといけませんが、けがをしたらこまります。気を入れて作《さ》業《ぎょう》します。

ガレキは、どんどん取《と》りのぞかれていきました。

しかし、そうしている間にも、亀《かめ》山《やま》の火はみるみる広がっていきます。

「火がいきおいづいている。すぐに山へきてくれ。一人でも多くたのむ」

「よし、わかい人はそっちへ行ってくれ。残《のこ》りは、この防火帯《ぼうかたい》の整理《せいり》だ」

亀山《かめやま》リフトの乗《の》り口。太い鉄骨《てっこつ》が津波《つなみ》の力で曲《ま》がってしまった

百人ほどが、北へ移動《いどう》しました。火は落《お》ち葉《ば》から落《お》ち葉《ば》へ、伝《つた》わっていきます。

「消火器《しょうかき》を持《も》ってきました」

「よしっ、早く消《け》してくれ」

さっそく消火器《しょうかき》で、消火《しょうか》をはじめました。消火剤《しょうかざい》が白い霧《きり》になってまかれていきます。

「あれっ、これだけしか消《き》えないのか」

「消火器《しょうかき》なんかあてにするな。人間の力の方が、たよりになるよ」

「落《お》ち葉《ば》を取《と》りのぞこう。クマデはないか」

「そんな物《もの》、用意《ようい》しているひまはないよ。自分の手をクマの手にしようぜ」

「それはいいや」

わかい男の人たちは、指《ゆび》を広げて落《お》ち葉《ば》を集《あつ》め、ゴミ袋《ぶくろ》につめていきました。

「水があればなあ」

「火はたたけば消《け》せるよ」

「たたく？　どうやって？」

「シャツでもバスタオルでも、いいんだ。ほうきだって使《つか》えるよ」

「それなら、シュ※ロのほうきがいい」

シュロのほうきなら、大島《おおしま》ではどこの家にもあります。玄関《げんかん》をそうじするとき使《つか》うのです。

ほうきがとどけられると、みんなは、すぐ火をたたきはじめました。バサッ、バサッ、バサッ、大きな音が、あたりにひびきました。

“シュロぼうき消火隊《しょうかたい》”は、火をつぶしながら、山を登《のぼ》っていきます。

ほとんど火をおさえて、ほっとしたとき、風がふいてきました。

消《け》したはずの火が、風にあおられて、再《ふたた》びもえあがりました。

「あっ、たいへん」

火は風に乗《の》って飛《と》んでいき、松《まつ》の落《お》ち葉《ば》にもえうつりました。

※シュロ＝ヤシ科の植物《しょくぶつ》

松《まつ》の落《お》ち葉《ば》は火がつきやすく、よくもえます。いきおいをつけた火は、太い松《まつ》の木ももやしてしまいそうです。

亀山《かめやま》の松《まつ》は、昔《むかし》、漁船《ぎょせん》が目印《めじるし》にしたほど、見事《みごと》にしげっています。

この松《まつ》は、二百三十年ほど前、大島《おおしま》のマグロ漁船《ぎょせん》が、出漁中《しゅつりょうちゅう》台風にあって帰ってこなかったとき、家族《かぞく》の人たちが植《う》え続《つづ》けた「涙《なみだ》の松《まつ》」です。「まつ、まつ、まっている」という思いを松《まつ》の苗《なえ》にこめて植《う》えたのです。いまの松《まつ》は、その子孫《しそん》です。

「『涙《なみだ》の松《まつ》』をもやしては、昔《むかし》の人の気持《きも》ちが、なくなってしまうぞ」

「みぞをほろう」

「ほりあげた土はしめっぽいから、かれ葉《は》の上にばらまこう」

今度《こんど》は〝スコップ隊《たい》〟が、山の斜面《しゃめん》をほっていきます。じきに、ひたいから、あせが流《なが》れ落《お》ちました。

「足元、気をつけろよ。すべり落《お》ちないようにな」

「涙《なみだ》の松《まつ》」の記念碑《きねんひ》

松《まつ》の木の根元《ねもと》にいまも
残《のこ》るこげあと

シャカッ、シャカッ、バサッ、バサッ
スコップとシュロぼうきの立てる音が、休みなく続《つづ》いています。

「大変《たいへん》だあ。松食《まつく》い虫《むし》にやられた木に、火がついたぞ」

「枝《えだ》を切れ。松枯《まつが》れしてない枝《えだ》に、火をうつすな」

「幹《みき》ごとたおそう」

ノコギリ部隊《ぶたい》がやってきて、枯《か》れた松《まつ》を切りはじめました。みんな手にマメができて、つぶれたところから血《ち》が出ました。それでも、歯《は》を食いしばって、火と戦《たたか》いました。火はそれほど手強い相手《あいて》でした。


火は、つぎの日もそのつぎの日も、消《き》えませんでした。

大島《おおしま》は、海をへだててはいますが、気仙沼市《けせんぬまし》です。市の消防署《しょうぼうしょ》に、応援《おうえん》はたのんであります。でも、気仙沼港《けせんぬまこう》のあたりも、大火事《おおかじ》なのです。それに、大島《おおしま》に応援《おうえん》にきたくても、気仙沼港《けせんぬまこう》につながれていた船は、ほとんど流《なが》されてしまいました。

大島《おおしま》は孤立《こりつ》しているのです。

東京《とうきょう》消防庁《しょうぼうちょう》から飛《と》んできたヘリコプターが放水《ほうすい》しましたが、火は消《き》えません。

黒いけむりは、亀山《かめやま》をすっぽりつつんでいます。生木をこがす音が、そこら中でします。火はおとろえず、山を登《のぼ》り続《つづ》けています。消火《しょうか》にあたる人たちは、熱《あつ》くてたまりません。

「あっ、火が飛《と》んだぞ」

「頂上《ちょうじょう》まで登《のぼ》ってしまった。神社《じんじゃ》を守《まも》れ」

みんなの体のエンジンは、最後《さいご》の力をふりしぼりました。何日も働《はたら》き続《つづ》けたエンジンは、そろそろ限界《げんかい》です。ときどきうでがふるえて、動《うご》かなくなります。わかくたって、男だって、エンジン全開《ぜんかい》で働《はたら》き続《つづ》ければ、故障《こしょう》も起《お》こります。それでも、細い松《まつ》の木は、おおかた切りたおすことができました。

「みんな、山をおりろ」

「火は消《き》えてないぞ」

「東京《とうきょう》消防庁《しょうぼうちょう》のヘリコプターが、水をまくそうだ」

「前に失敗《しっぱい》してるじゃないか」

「今度《こんど》はていねいにやるらしい。人間がいるとまきにくいんだろ」

「そういうことか。ヘリコプターさん、たのみますよお」

作業《さぎょう》していた百人近くの人たちは、火がもえる亀山《かめやま》をおりました。

ヘリコプターが、水をまきはじめました。

「消《き》えろ。消《き》えてくれ」

「今度《こんど》は、たくさんまいているぞ」

山をおりたみんなは、水をまきながら飛《と》ぶヘリコプターを、祈《いの》りながら見《み》守《まも》りました。

ヘリコプターが行ったあと、島《しま》の人たち何人かは、もう一度《ど》山に登《のぼ》って、残《のこ》り火をたたきました。消《き》えたと思っても、火は落《お》ち葉《ば》の中の方でくすぶっていて、また炎《ほのお》をあげるからです。

「火は消《き》えました。もうだいじょうぶです」と、消火宣言《しょうかせんげん》が出たのは三月十六日でした。火は五日間も、もえ続《つづ》けたことになります。

「民家《みんか》は、一軒《けん》ももえなかったね」

「何としても助《たす》けたかったもの。よかったよ」

「神社《じんじゃ》も助《たす》かって、よかったなあ」

「火が山をかけ登《のぼ》ったとき、どうなるかと思ったよ」

「みんなで大切にしてきた神社《じんじゃ》だもの、やっぱり神《かみ》さまが守《まも》ってくれたのかな」

炭《すみ》で黒くなった顔が、うなずき合っています。あせとどろでよごれた手が、しっかりあくしゅしています。一大ピンチにみまわれた島《しま》は、島《しま》の人たちの手で守《まも》られました。

第5章

連絡船《れんらくせん》「ひまわり」、走り出す

再会《さいかい》

時間を三月十一日にもどします。

三女の美希恵《みきえ》さんは、日菜乃《ひなの》ちゃんと輝星《きら》くんを車に乗《の》せて、高台の洗車場《せんしゃじょう》へにげました。ここまでくればもう安心《あんしん》、と思ったその矢先、こちらに向《む》かって大きな津波《つなみ》がおしよせてくるのを見て、あわてて、さらに上の小学校へ避難《ひなん》しました。小学校は、にげてきた人でごった返《がえ》しています。

「中に入るのは、無理《むり》だねえ」

「じいちゃんとばあちゃんは、だいじょうぶかな」

美希恵《みきえ》さんの顔を見あげて、日菜乃《ひなの》ちゃんと輝星《きら》くんは心配《しんぱい》そうです。美希《みき》恵《え》さんの一番の心配《しんぱい》も、それでした。

「だいじょうぶ。じいちゃんとは電話で話せたし、心配《しんぱい》ないよ」

二人を落《お》ち着《つ》かせてから、夕方、美希恵《みきえ》さんは車の外に出ました。

小学校のグラウンドは、避難《ひなん》した人たちでパニック状態《じょうたい》です。

「わたしがしっかりしなくちゃ」

覚悟《かくご》を決《き》めて歩き出した美希恵《みきえ》さんの視線《しせん》の先に、見覚《みおぼ》えのある顔が見えてきました。

「あれ……くりこさん？」

「わあ、ひまわりさんとこの！」

二人はどちらからともなく手をのばし、ぎゅうっとにぎり合いました。

「くりこ」は、「アインスくりこ」という民宿《みんしゅく》です。

　オーナーは白幡修《しらはたおさむ》さん。そして、奥《おく》さんの美千子《みちこ》さんは、みんなから親しみをこめて「くりこさん」とよばれています。菅原《すがわら》さんの奥《おく》さんのヨシ子さんは、そこで長いこと働《はたら》いているのです。

　こんなにめちゃくちゃになっているとき、こんなに人だらけの中で、知り合いに会えるなんて……。

　二人の手はなかなかはなれません。

「あのう、ばあちゃんは?」

「アインスくりこ」のオーナー・白幡修《しらはたおさむ》さん（右）と美千子《みちこ》さん（左）

地震《じしん》のとき、ヨシ子さんは、「くりこ」で働《はたら》いていたはずです。

「無事《ぶじ》だよ。家が心配《しんぱい》だって、今出ていったばっかり」

「『くりこ』は？」

「一階《かい》に津波《つなみ》が入ったの。かべに津波《つなみ》の筋《すじ》がついてるわ。しばらくは使《つか》えないよ」

美希恵《みきえ》さんは、駒形《こまがた》の家を思って、口ごもるようにいいました。

「うちも……たぶんだめだったと思う」

津波《つなみ》が、大島《おおしま》の電気の配線《はいせん》や、水道、ガスの配管《はいかん》をちぎってしまいました。電気がつきません。ガスも使《つか》えません。水道の水は、蛇口《じゃぐち》をひねっても出てきません。

大島《おおしま》の水道は、対岸《たいがん》の気仙沼《けせんぬま》から、パイプで引いてきています。こんなことにならなくても、貴重《きちょう》な水でした。しばらくは、お風呂《ふろ》もせんたくも、トイレに流《なが》す水だって、工夫《くふう》して使《つか》わなければならないでしょう。がまんを覚《かく》悟《ご》しなければなりません。

電気のつかない島《しま》は、まっくらです。

海鳴りが聞こえます。

（お父さんが、無事《ぶじ》でいますように）

車にもどった美希恵《みきえ》さんは、その日、心配で朝までねむることができませんでした。


翌日《よくじつ》、菅原《すがわら》さんの家族《かぞく》は、全員無事《ぜんいんぶじ》に小学校の校庭《こうてい》で会えました。

「じいちゃん！」

日菜乃《ひなの》ちゃんが、菅原《すがわら》さんに飛《と》びつきました。

「ばあちゃん……」

輝星《きら》くんが、ヨシ子さんにだきつきました。

菅原《すがわら》さんもヨシ子さんも、美希恵《みきえ》さんもほほえんで、うなずき合いました。

それでじゅうぶんでした。何度《なんど》もお互《たが》いの顔を見て、確認《かくにん》するようにうなずきました。

くりこさんが、「避難所《ひなんじょ》はいっぱいだから、見通しがつくまで、うちのそろばん塾《じゅく》でいっしょに住《す》まないかい。『くりこ』は津波《つなみ》でやられたけれど、そろばん塾《じゅく》ならなんとか住《す》めるよ。塾《じゅく》はもうやってないし、あそこで共同《きょうどう》生活しよう」と、いってくれました。くりこさんのところでは、以前《いぜん》、そろばん塾《じゅく》も経営《けいえい》していたのです。

菅原《すがわら》さんたちは喜《よろこ》びました。菅原《すがわら》さんの家は、もう住《す》めなくなったので、どこでくらしたらいいか、なやんでいたところでした。

そろばん塾《じゅく》では、地震《じしん》で家を被災《ひさい》した近所《きんじょ》の小野寺《おのでら》さんや、弟の和郎《かずろう》さんも加《くわ》わって、十一人での生活がスタートしました。

キャンプみたいに、ごちゃごちゃとくっついてねました。ひとつのつくえをみんなで囲《かこ》んで、ごはんを食べます。少ないお米を、みんなで食べるのだ

そろばん塾《じゅく》で共同《きょうどう》生活をしていたころ

から、量《りょう》がふえるおかゆやぞうすいになります。

水道が出ないので、菅原《すがわら》さんが地下倉庫《そうこ》にたくわえていたペットボトル百本の水は、文字通り命《いのち》の水になりました。

こんなときは、工夫《くふう》が肝心《かんじん》です。知り合いの板金屋《ばんきんや》さんが、自動車《じどうしゃ》のバッテリーを外して、家の中に灯《あか》りをともしてくれました。小さな灯《あか》りですが、大切な光です。灯《あか》りを有効《ゆうこう》に反射《はんしゃ》させるため、トタンを拾《ひろ》ってきて電灯《でんとう》のかさにしました。

きゅうくつな中での他人《たにん》との生活です。ストレスでときどきイライラすることがあります。そんなとき、ヨシ子さんは、夜でも外に出ました。

東北《とうほく》地方の中では、大島《おおしま》は、あたたかいといわれています。海に囲《かこ》まれているので、それほど雪もふりません。それでも三月は、春がまだ遠く、体がしんから冷《ひ》えてきます。

「中に入ったら」

いつの間にきたのか、くりこさんが、よりそうように立っていました。

「もう少しだけ見てる。ほら、星があんなにきれい」

「まあ、ほんとに……」

電気がつかない島《しま》の夜空は、いままで見てきた夜空より黒く澄《す》んでいました。浜辺《はまべ》の砂《すな》を銀《ぎん》に変《か》えて、空にまき散《ち》らしたような星の数です。

「なくなった物《もの》もあるけど、おかげでこんなにきれいな空も見られるんだねえ」

いつしか、心はおだやかに静《しず》まっていました。

「ありがとね。気を使《つか》わせたわ」

「おたがいさんよ」

思いやりとがまんは、まだ続《つづ》くようです。いつになったら、一人一人がふとんをしいて、ゆっくりねられるのでしょうか。

「津波《つなみ》にあわなかった人が、避難所《ひなんじょ》にお米をとどけてくれてるんだって。だから、あったかいぞうすいが食べられてるとさ」

「野菜《やさい》もとどけられたらしい」

「おれらの島《しま》には、『分《わ》け魚《ざかな》』があるからな」

「分《わ》け魚《ざかな》」というのは、昔《むかし》から大島《おおしま》にある風習《ふうしゅう》です。マグロ漁《りょう》に出る船に、島《しま》の人たちが、お酒《さけ》やお米をとどけます。「元気でがんばってね」という気《き》持《も》ちや、「うなるほどたくさんマグロをとってこい。海の男のうでを見せて、ばりばりかせいでこい」という気《き》持《も》ちをとどけるのです。

マグロをとって帰ってくると、大きなマグロが切り分けられ、島《しま》の人たちにふるまわれます。「いいマグロだろう。このでっかいマグロと格闘《かくとう》して、おれらは勝《か》ったんだぞ」と自慢《じまん》したい気《き》持《も》ちと、「元気にやれたぞお。みんなの応援《おうえん》にはげまされたぞお」、そんな気《き》持《も》ちのお福《ふく》分《わ》けです。

大島《おおしま》の人には、この習慣《しゅうかん》が生きているのです。

「こんなときこそ『分《わ》け魚《ざかな》』」

「そうそう。大島《おおしま》は漁師《りょうし》の心が生きている島《しま》さ。海が荒《あ》れたときだって、助《たす》け合って生きぬいたんだ。こまっているのに、見て見ぬふりをするやつはいないんだ」

修《おさむ》さんは、できるだけ早く、こわれたアイスクリーム製造器《せいぞうき》を、直そうと思いました。イタリア製《せい》の自慢《じまん》の品《しな》です。

「うまいアイスクリームができるんだ。『くりこ』のアイスクリームを食べたら、笑顔《えがお》が出るんだよ」

くりこさんは、ふくふくの笑顔《えがお》でいいます。

「島《しま》のみんなやボランティアの人たちに、熱《あつ》いお茶をふるまいたいわ」

生まれ育《そだ》ったこの島《しま》で、大変《たいへん》な思いをしている人たちがたくさんいると思うと、できることがあれば何かしてあげたいという気持《きも》ちが、自然《しぜん》とわいてきました。

たよりになる足

無事《ぶじ》大島《おおしま》に帰ってきた翌日《よくじつ》、菅原《すがわら》さんが浜《はま》に出たときのことです。船をなくした漁師《りょうし》たちが、浜《はま》に打《う》ちあげられたガレキを、片《かた》づけていました。

「こんなにたくさんこわしやがって」

「くやしいよな。津波《つなみ》のやつ、なんで……」

「おれも、そう思う」

やり切れない思いをぶつけあう漁師《りょうし》のとなりで、

「それでもな、海はサンマをくれた。マグロもくれた。カキも育《そだ》ててくれてるんだ」

と、とりなすようにいう漁師《りょうし》がいます。よく日に焼《や》けた漁師《りょうし》が、自分にもいい聞かせるようにつぶやきました。

「いまだけ見るな。ここだけ見るな。海は大きい。海は遠い昔《むかし》からあった。

そして、これからもずっとある。海はそういうもんだ」

菅原《すがわら》さんは、心の中で「そうだ、その通りだ」と、うなずきながら、「ひまわり」のところに行きました。

浦《うら》の浜《はま》には、「ひまわり」だけが、ぽつんとつながれていました。

津波《つなみ》の被害《ひがい》を受《う》けた人たちは、電気がこないのでテレビを見ていません。毎日、ニュースでいろいろなことが伝《つた》えられているのでしょうが、自分たちのことしかわかりません。

菅原《すがわら》さんは、気仙沼港《けせんぬまこう》に行かなければと思いました。気仙沼港《けせんぬまこう》のようすはわかりません。でも、菅原《すがわら》さんには、想像《そうぞう》がつきました。

大島《おおしま》を出て、都会《とかい》でくらしている人や大学で勉強《べんきょう》している人が、テレビを見ていれば、（大島《おおしま》は、どうなったんだろう）と、思うにちがいないのです。お父さんお母さんのこと、親せきのこと、仲良《なかよ》しの友だちのこと、心配《しんぱい》なことがどんどんつもって、山のようになっていることでしょう。

「大島《おおしま》までは行けないかもしれない」、そうは思っても、じっとしていられなくて、苦労《くろう》して、気仙沼港《けせんぬまこう》まできているはずです。

「『ひまわり』よ。島《しま》の人のために、おれたちは足になるぞ」

菅原《すがわら》さんは、気合いを入れるように、「ひまわり」の船体を、ポンポンとたたき、震災《しんさい》後、はじめて気仙沼港《けせんぬまこう》に向《む》かいました。津波《つなみ》がきてから、二日後のことです。

菅原《すがわら》さんの知っている気仙沼港《けせんぬまこう》は、いつも活気に満《み》ちていました。ところが、漁師《りょうし》のすがたがありません。魚市場も工場も津波《つなみ》に流《なが》されて、跡《あと》だけが残《のこ》っていました。あちこち水がたまって、びしょびしょです。ガレキばかりが目立ちます。

「あっ、『ひまわり』だ。乗《の》せてほしいな」

号令《ごうれい》をかけたわけではないのに、港《みなと》では何人もの人が、「ひまわり」に向《む》かって手をふりました。なつかしい顔がよってきて、競争《きょうそう》するように話し

震災《しんさい》前の気仙沼市《けせんぬまし》朝日町《あさひちょう》付近《ふきん》（平成《へいせい》15年8月撮影《さつえい》）

震災《しんさい》後の気仙沼市《けせんぬまし》朝日町《あさひちょう》付近《ふきん》（平成《へいせい》23年7月撮影《さつえい》）

かけてきました。

「島《しま》はどうですか」

「うちの母ちゃん、どうしているかわかりますか」

「ひまわりさん、わたしたち、大島《おおしま》に行きたいの」

「でも、ほら、フェリーが走らないだろ」

フェリー乗《の》り場《ば》に、船はありません。こわれたさんばしが、海にしずんでいます。

「年よりばかりだから、何をするにも人手がいるだろう。だから……」

菅原《すがわら》さんは、大きくうなずきました。そして、いいました。

「『ひまわり』は、大島《おおしま》へ行くよ」

「乗《の》せてくれよ」

「わたしたちも、乗《の》せてほしい」

「わたしも！」

「おれも！」

菅原《すがわら》さんはいいました。

「あわてなくてだいじょうぶ。『ひまわり』は、何度《なんど》でも行ったりきたりするから。みんなを乗《の》せるから。『ひまわり』は、大島《おおしま》の人の足だから」

「ひまわりさん、ありがとう」

「よかった。やっと島《しま》に行けるわ」

心配《しんぱい》そうだった顔に、笑《え》みがうかびました。

みんなは、行列《ぎょうれつ》を作って、「ひまわり」に乗船《じょうせん》します。

「もっと奥《おく》につめてください」

「こんなときは、おたがいさんですよ。もう一歩中に入ってください」

「これ以上《いじょう》乗《の》ると、『ひまわり』がしずむんじゃないの」

「ひまわり」は、ぎゅうぎゅうづめです。エレベーターなら、重量《じゅうりょう》オーバーで、ブザーが鳴《な》りそうです。

「じゃあ、第一便《だいびん》、行ってくるよ。みんなをおろしたら、すぐもどってくるから、ちょっと待《ま》っててな」

ボッボー

「ひまわり」は、汽笛《きてき》を鳴らして、大島《おおしま》に向《む》かいました。

津波《つなみ》から二日後の湾内《わんない》には、流《なが》れてきたガレキがただよっています。かわら屋根《やね》の横《よこ》をぬけ、自動車《じどうしゃ》の間をぬって、「ひまわり」は、用心深《ぶか》く進《すす》んでいきます。

まどから見える景色《けしき》に、息《いき》を飲《の》んでだまりこむ人がいます。静《しず》かに目をとじる人もいます。この海が、たくさんの命《いのち》を飲《の》みこんだことに、じっとたえているのです。

重苦《おもくる》しい雰囲気《ふんいき》なのは、外の景色《けしき》のためだけではありません。すきまがないほど人でうまった船内は、快適《かいてき》とはいえません。気分を悪《わる》くしそうです。

でも、だれも文句《もんく》をいいません。船に乗《の》れたことが、うれしいのです。大《おお》島《しま》に行けることが、ありがたいのです。

「ひまわり」が、大島《おおしま》に着《つ》きました。

「ひまわりさん、ありがとう」

「助《たす》かったよ、ひまわりさん」

「いくら？」

　たずねられて、菅原《すがわら》さんは、手をふりました。

「それ、何の合図かね？」

「いらないといったの」

「いらないって？　まさか、ただってことはないよね」

　菅原《すがわら》さんはいいました。

「そのただなんだ」

大島《おおしま》へわたる唯一《ゆいいつ》の交通手段《しゅだん》として、「ひまわり」には連日《れんじつ》長い行列《ぎょうれつ》ができた

「ひまわり」に乗《の》せてもらった人たちが、首をかしげました。ふしぎそうな目で、菅原《すがわら》さんを見ます。菅原《すがわら》さんは、いつもの菅原《すがわら》さんの顔で、いつもの菅原《すがわら》さんのすがたで、そこに立っています。

こんなときは、いつもの料金《りょうきん》より、高くなるのが普通《ふつう》です。それしかないのだから、いわれた通りの値段《ねだん》をはらうしかありません。いつもの三百円が、千円になっても二千円になっても、しかたありません。

それなのに、「ひまわり」は、ただだというのです。

「そりゃあいけないよ。ひまわりさんのところも、家がやられたっていうじゃないか」

菅原《すがわら》さんは、静《しず》かにいいます。

「でも、『ひまわり』もおれも、こうして助《たす》かっている。おれ、島《しま》のみんなのために『ひまわり』を走らせたいんだ。被災《ひさい》した人からお金はもらえないよ」

「ぼくは、東京《とうきょう》にいて、津波《つなみ》の被害《ひがい》は受《う》けませんでした」

菅原《すがわら》さんは、わかい男の人を見ました。

「おお、おまえ、しばらく見ない間に立派《りっぱ》になって。おまえのとこは……」

あとは言葉《ことば》になりませんでした。大島《おおしま》では、三十一人が亡《な》くなっています。

「よくきてくれた。早く帰って、顔を見せてあげなさい。おまえの顔を見れば、家の人たちも少しは元気が出るだろうから」

わかい男の人が、深《ふか》く頭をさげました。

気持《きも》ちをつなげる「ひまわりさん」

その日も、気仙沼港《けせんぬまこう》は、大島《おおしま》にわたりたい人であふれていました。その中に、退院《たいいん》したばかりの赤ちゃんをだいて、こまり果《は》てている阿部周子《あべしゅうこ》さんがいました。この人たちをかき分け、前に出て、乗《の》せてほしいといえるでしょうか。たとえ乗《の》れたとしても、すきまがないほどぎゅうぎゅうづめの船内では、赤ちゃんがつぶれてしまいます。
菅原《すがわら》さんが、周子《しゅうこ》さんを見つけました。
「どうしたね」
周子《しゅうこ》さんはかいつまんで、ピンチが津波《つなみ》のようにあとからあとからやってきた、赤ちゃん誕生《たんじょう》の話をしました。

震災《しんさい》前、大島《おおしま》に住《す》む周子《しゅうこ》さんは、もうすぐ赤ちゃんが産《う》まれることになっていましたが、三人目の出産《しゅっさん》なので落《お》ち着《つ》いていました。

三月十一日のことです。地震《じしん》の直後、周子《しゅうこ》さんのおなかが急《きゅう》にはってきました。病院《びょういん》へいった方がいい、そう思っても、津波《つなみ》で荒《あ》れる海に船は走っていません。ヘリコプターをたのんで、運《はこ》んでもらいました。

ところが、気仙沼《けせんぬま》の病院《びょういん》は、被災《ひさい》した人たちでごった返《がえ》していました。治療《ちりょう》が必要《ひつよう》な人が、つぎつぎにかつぎこまれてきて、ベッドがありません。

「あんた、産《う》まれるまでもう少し時間がありそうだから、家にもどってください」

「えっ？　家にもどる？　そんなあ……」

帰れるわけがありません。それでも、周子《しゅうこ》さんは病院《びょういん》を出るしかありませんでした。

気仙沼《けせんぬま》でたよれるはずのお姉さんは、津波《つなみ》にあって、どこかに避難《ひなん》しているにちがいありません。

いつ産《う》まれるかわからない大きなおなかをかかえたまま、知らない土地で、周子《しゅうこ》さんは、途方《とほう》にくれました。

しかし、周子《しゅうこ》さんはぐうぜん、気仙沼《けせんぬま》に住《す》むお姉さんに会うことができたのです。

三月二十二日、心細い思いもしましたが、赤ちゃんは、元気に産《う》まれてきました。まるまる太った女の子です。

看護師《かんごし》さんがビスケット二枚《まい》とジュース一本、おにぎり一個《こ》を持《も》ってきました。

「ごめんなさいね。これしかないんです」

津波《つなみ》の被害《ひがい》はひどくて、救援物資《きゅうえんぶっし》がじゅうぶんきていないのです。お産《さん》のあとは、栄養《えいよう》のある物《もの》を食べなければいけないのに、これではおっぱいが出ません。それでも、今の状況《じょうきょう》を考えると、周子《しゅうこ》さんはありがたく、大切にいただきました。

そして五日後、無事退院《ぶじたいいん》した周子《しゅうこ》さんは、大島《おおしま》に帰ろうと、気仙沼港《けせんぬまこう》にきたのでした。

菅原《すがわら》さんは、大きな声で、「ひまわり」に乗《の》ろうとしている人たちにいいました。

「みんなにお願《ねが》いがあります。この赤ちゃんを優先《ゆうせん》して乗《の》せてやるけど、ゆるしてほしいんだ。おれは、えらい人も有名人《ゆうめいじん》も、みんな同じに乗《の》ってもらいたい。でも、この赤ちゃんは、おれたち大人が守《まも》ってやらないと、つぶれてしまうほどふにゃふにゃなんだ。特別《とくべつ》あつかいさせてくれ」

みんなから、拍手《はくしゅ》が起《お》こりました。

周子《しゅうこ》さんと赤ちゃんは、みんなの拍手《はくしゅ》の中、「ひまわり」に乗《の》りこみました。船内はぎゅうぎゅうづめなのに、赤ちゃんの周《まわ》りには、すきまがあります。大変《たいへん》な中、産《う》まれてきた赤ちゃんを、みんなが守《まも》ろうとしています。

「ひまわり」で運《はこ》んだ赤ちゃんをだっこする菅原《すがわら》さん（右）と阿部《あべ》周子《しゅうこ》さん（左）

大島《おおしま》です。

「ひまわり」が、大島目指《おおしまめざ》して走って行きます。赤ちゃんのふるさとになる大島《おおしま》です。

「ありがとね」

船をおりると、みんなの足は速《はや》くなります。一秒《びょう》でも早く、大切な人の顔が見たいのです。

菅原《すがわら》さんは、みんなの後ろすがたが見えなくなると、休むひまをおしむように、気仙沼港《けせんぬまこう》に向《む》けて「ひまわり」を走らせました。行ったりきたりのピストン輸送《ゆそう》です。

くる日もくる日も、朝早くから夜おそくまで「ひまわり」は走ります。大《おお》島《しま》と気仙沼《けせんぬま》をつなぐ、ただひとつの船として、人や貴重《きちょう》な物資《ぶっし》を、いったい何度運《なんどはこ》んだことでしょう。

こうした仕事《しごと》のほかに、菅原《すがわら》さんは、気をつけてやっていたことがありました。行方不明者《ゆくえふめいしゃ》の捜索《そうさく》です。

あの日から、どんなときも心がけています。春がきても夏がきても、菅原《すがわら》さんは、捜索《そうさく》を続《つづ》けていました。

人口が多い気仙沼《けせんぬま》はもちろん、大島《おおしま》でも、津波《つなみ》の後、長い間見つからない人がいました。何カ月も見つかっていないのですから、おそらくもう生きている確率《かくりつ》は低《ひく》いでしょう。

でも、遺体《いたい》が見つからないかぎり、残《のこ》された家族《かぞく》の心はゆれているにちがいありません。宙《ちゅう》ぶらりんの心ですごす日々は、どれほどつらいことでしょう。そんな遺族《いぞく》の気持《きも》ちを、一日でも早く、軽《かる》くしてあげたいと思っているのです。

八月七日の早朝でした。

気仙沼《けせんぬま》に向《む》かう「ひまわり」の中で、菅原《すがわら》さんは、レーダーに何かがもやもやと映《うつ》っていることに気がつきました。

近くまで行って船を停《と》めると、そこには、小さな女の子がういていました。

孫《まご》の日菜乃《ひなの》ちゃんの友だちでした。

菅原《すがわら》さんは、その子のおじいさんとおばあさん、そして日菜乃《ひなの》ちゃんにも「おれがぜったい見つけてやるから」と約束《やくそく》していました。

見つかったしゅんかん、菅原《すがわら》さんは「やっぱりだめだったか……」という無念《むねん》な思いと、「これでようやく成仏《じょうぶつ》させてあげられる」という気持《きも》ちとで、全身《ぜんしん》から力がぬけました。

ほかにも何名か、海上で遺体《いたい》を見つけたことがありました。そんなとき、菅原《すがわら》さんは、まず海上保安庁《かいじょうほあんちょう》に

気仙沼市《けせんぬまし》の死者行方不明者《ししゃゆくえふめいしゃ》は1400人をこえた

発見《はっけん》の連絡《れんらく》を入れます。そして必《かなら》ず、遺体《いたい》の周《まわ》りを「ひまわり」で回りながら、お経《きょう》を唱《とな》えました。乗客《じょうきゃく》の中には急《いそ》いでいる人もいたことでしょう。でもその時は、お客さんも全員《ぜんいん》目をつぶり、手を合わせました。だれもが自分だったかもしれない、と思っているのです。

菅原《すがわら》さんの捜索《そうさく》は、いまも終《お》わっていません。行方不明《ゆくえふめい》の人は、まだいるのです。

菅原《すがわら》さんが歩いていると、会う人会う人、声をかけていきます。

「ひまわりさん、無理《むり》しないでよ。つかれすぎると、風邪《かぜ》、ひくよ」

「『ひまわり』が走らなくなったら、大島《おおしま》の人、みんながこまるんだからね」

「ひまわりさん、自分の年も考えてね」

菅原《すがわら》さんは、苦笑《にがわら》いしていいます。

「ああ、わかってるよ。けど、おれ、まだ六十九歳《さい》だよ」

「ほんとにわかってるのかなあ。もう六十九なんだよ。六十九は年よりの仲《なか》間《ま》だよ」

本気で心配《しんぱい》する人もいます。

「運賃《うんちん》をただにしたり、もらっても寄付《きふ》したりして、お金はだいじょうぶなのかい？　ガソリンだってただじゃないんだ。ひまわりさんには長く続《つづ》けてほしいんだよ」

いろいろいう人もいるけれど、菅原《すがわら》さんは聞き流《なが》します。

菅原《すがわら》さんの体を心配《しんぱい》して、弟の和郎《かずろう》さんが舵《かじ》を取《と》ることもあります。六歳《さい》わかい和郎《かずろう》さんは、「ひまわり」に気合いを入れました。

「『ひまわり』よ。おまえには代《か》わりがない。いくらつかれても、おまえは走れ。おまえは長年、海で働《はたら》いてきた船だ。ちょっとくらいで、音をあげるな」

言葉《ことば》とは反対《はんたい》に、和郎《かずろう》さんの手はやさしく舵《かじ》を取《と》って、「ひまわり」に無《む》理《り》がないように走らせます。

ヨシ子さんは、損《そん》だ得《とく》だと、お金のことを一番に考えない菅原《すがわら》さんが好《す》きです。くりこさんに、「あの人は、すきとおっているよね」といわれたとき、思わずにっこりしてしまいました。

「あの人は、まっすぐ考えて、まっすぐやってきた人。あの人の中にある『分《わ》け魚《ざかな》』の心が、家族《かぞく》でない人にもわかってもらえて、うれしいわあ」

はにかんだヨシ子さんは、少女のようです。

「じいちゃん、手伝《てつだ》ってやるわ」

このごろ、日菜乃《ひなの》ちゃんと輝星《きら》くんが、「ひまわり」を手伝《てつだ》うことがあります。「ひまわり」を接岸《せつがん》させるとき、ともづな※を力いっぱい引きよせるのです。「ひまわり」と浜《はま》の間が開《ひら》かないほうが、お客《きゃく》さんがおりやすいからです。

「おまえらも、いっちょまえじゃないか」

和郎《かずろう》さんにほめられて、二人は、ますますはり切ります。

※ともづな＝船と陸《りく》をつなぎとめるつな

「よいしょ、よいしょ」。和郎《かずろう》さんが見守《みまも》る中、いっしょうけんめいともづなを引きよせる日菜乃《ひなの》ちゃん（左）と輝星《きら》くん（右）

第6章

それから、これから

七月。大島《おおしま》に、四カ所《しょ》、仮設住宅《かせつじゅうたく》が建《た》ちました。菅原《すがわら》さん家族《かぞく》の入居先《にゅうきょさき》は、新王平《しんのうだいら》グラウンドの仮設住宅《かせつじゅうたく》に決《き》まりました。

そろばん塾《じゅく》での共同《きょうどう》生活が終《お》わります。

「助《たす》かったよ」

「何いうの。大島《おおしま》のもん同士《どうし》、『分《わ》け魚《ざかな》』じゃないか」

「くりこのみんなとは、親せきみたいになったよ」

「ほんとだよ。これからもよろしくねえ」

もうくっついてねることもありません。ひとつのつくえをおおぜいで囲《かこ》んで、ごはんを分け合って食べることもありません。ごちゃごちゃした生活は大変《たいへん》でしたが、終《お》わるとなるとさびしい気もします。

「どうしたの。元気がないねえ。さあ、引っ越《こ》しだよ。引っ越《こ》しは、力がいるよ。おにぎりもうひとつ、どう?」

くりこさんが、顔半分ほどもありそうな、大きなおにぎりをすすめてきたので、しめっぽくなりそうな空気がふっ飛《と》びました。

荷物《にもつ》はたくさんありません。仮設住宅《かせつじゅうたく》への引っ越《こ》しはすぐ終《お》わりました。日菜乃《ひなの》ちゃんと輝星《きら》くんは、さっそく新しい家のたんけんをはじめました。でも、せまいので、あっという間に終《お》わりました。

「さあ、今夜は、何のごちそうにしようかな」

ヨシ子さんは、さっきから小さい台所《だいどころ》を、うろうろしています。

電気がつきます。天井《てんじょう》の蛍光灯《けいこうとう》を見あげる、家族《かぞく》みんなの顔がかがやいています。

「テレビ、見てもいい？」

「ああ、いいとも。四カ月も見てなかったんだもの、きょうはおおまけにまけて、見たいだけ見てもいいことにしようかな」

「おじいちゃん、あますぎです」

美希恵《みきえ》さんににらまれて、菅原《すがわら》さんは首をすくめました。

「日菜乃《ひなの》、輝星《きら》、あした学校があるんだからね」

お母さんの美希恵《みきえ》さんにいわれながら、日菜乃《ひなの》ちゃんがテレビに夢中《むちゅう》になっています。

（かわっていないよ。いままで通りだ）

菅原《すがわら》さんは、にやっとしました。津波《つなみ》の前、毎晩《まいばん》のようにくり返《かえ》されていたやり取《と》りです。

（わが家はいいなあ。この仮設住宅《かせつじゅうたく》が、しばらくはわが家なんだなあ）

菅原《すがわら》さん一家が住《す》む、新王平《しんのうだいら》グラウンドの仮設住宅《かせつじゅうたく》

左から和郎《かずろう》さん、輝星《きら》くん、美希恵《みきえ》さん、日菜乃《ひなの》ちゃん、菅原《すがわら》さん、ヨシ子さん

菅原《すがわら》さんは、家族《かぞく》みんなの顔を見ました。どの顔もほっとしています。安心《あんしん》して、わがままをいう日菜乃《ひなの》ちゃんや輝星《きら》くんの声が、菅原《すがわら》さんには、楽しい音楽のように聞こえました。

(よし、決《き》めた！　おれは、もう一度《ど》やるぞ)

菅原《すがわら》さんは、こぶしをぎゅっとにぎりました。ふるい立つ思いで覚悟《かくご》しました。

つぎの日、菅原《すがわら》さんは、「ひまわり」の仕事《しごと》の合間をぬいながら、駒形《こまがた》の元の家に行きました。

菅原《すがわら》さんは、ひと回り見て歩きました。それから、こわれた家に話しかけました。

「おれ、この家ができたとき、これで家のことは一生心配《しんぱい》ないと、ほっとしたよ。だから、こんなことになって、正直いって力がぬけた。おれの年を考えると、もう一度《ど》、家を建《た》てるのは無理《むり》と思えたさ。けど、いま、決心《けっしん》してるんだ。

もう一度《ど》、家を建《た》てるぞ」

　こわすことになる家に、何もいわないで仕事《しごと》にかかるのは、申《もう》し訳《わけ》ない気がしたのです。

「この家は、こわすことになる。でも、すてないぞ。生かせる物《もの》は、どんな小さな物《もの》でも生かして、またおれの家になってもらうからな」

　菅原《すがわら》さんは再《ふたた》び、家をぐるっと見て歩きました。

　家を建《た》てるといっても、すぐにはできません。

「まず、土地だよなあ……」

　ここには建《た》てられないのです。また津波《つなみ》がくるかもしれませんから。

（高台に土地がほしいな……）

　菅原《すがわら》さんの願《ねが》いは、すぐにはかないません。

　それでも、菅原《すがわら》さんは、仕事《しごと》を進《すす》めることにしました。この前、家を建《た》てたときは、わかくて体力もありました。ふんばりもききました。

菅原《すがわら》さんは、もう年よりの仲間《なかま》です。体力は落《お》ちました。ふんばるとつぎの日は、体が痛《いた》みます。だからこそ、へこたれている時間はないのです。

「はじめるよ」

菅原《すがわら》さんは、まず天井《てんじょう》の板《いた》をはがすことにしました。

「兄ちゃん、この仕事《しごと》、思ってる以上《いじょう》に時間かかるわ」

いつの間にきたのか、弟の和郎《かずろう》さんが、奥《おく》のざしきから顔を出しました。

「何で？」

「ていねいに作りすぎてるわ。ほら、見てみ。大工さんなら、クギ二本でとめるとこ、三本も打《う》ってあるぜ」

身《み》が軽《かる》い和郎《かずろう》さんは、脚立《きゃたつ》を上って、もう天井《てんじょう》をこわしはじめています。

「はじめての自分たちの家だもの、がんじょうにしたくて、いっぱいクギを打《う》ったんだ」

「わかるけど、こわしにくいったらないぜ」

「こわれないように作ったんだから、当たり前だよ」

はがした天井《てんじょう》の板《いた》を、和郎《かずろう》さんがくくります。どこに建《た》つのかわかりませんが、今度建《こんどた》つ家の天井《てんじょう》に、この板《いた》をはるのです。

「全部解体《ぜんぶかいたい》するのに、どれくらいかかるかなあ」

「兄ちゃん、ぼちぼちやろうぜ。あせるな、あせるな」

「落《お》ち着《つ》いてはいられないよ。おれには、時間の余裕《よゆう》がないんだ」

「でも、波《なみ》をかぶらなかった物《もの》は、また生かして使《つか》うんだろ。あせってきずつけたら、すてなきゃならないんだぜ」

「わかった。ぼちぼちやっていこう。この家からはずした板《いた》は、みんな生かして、必《かなら》ずいい家を建《た》ててみせるよ」

「そうだ、その意気《いき》。それが、兄ちゃんだよ」

和郎《かずろう》さんが、力強くいいました。

「兄ちゃん、『ひまわり』に行ってこいよ。おれ、続《つづ》きやっとくから」

津波《つなみ》の被害《ひがい》を受《う》けた家のかたづけは、なかなか終《お》わらない

取《と》りこわしの手伝《てつだ》いをする和郎《かずろう》さん

家をこわす仕事《しごと》は、「ひまわり」運行《うんこう》の合間や、早朝や夜中にやっています。

菅原《すがわら》さんは、浜《はま》に向《む》かいました。この時間は、菅原《すがわら》さんが船長になります。

「ひまわり」に乗客《じょうきゃく》を乗《の》せて、気仙沼《けせんぬま》まで行くのです。

菅原《すがわら》さんが道を歩いていると、「ひまわりさん、こんにちは」と、声がかかりました。

「草取《くさと》りしてるんかね。ご苦労《くろう》さん」

「ちょっと時間ができたんで。きれいな大島《おおしま》が、いいもの」

「そりゃあそうだ。暑《あつ》いから気をつけて」

津波《つなみ》を経験《けいけん》してから、大島《おおしま》の人たちは、顔を合わすと声をかけ合うようになりました。津波《つなみ》の置《お》きみやげでしょうか。菅原《すがわら》さんの子どものころの大島《おおしま》が、帰ってきたようです。

「『ひまわり』よ、おれたち、これからもがんばろう」

ボーボーッ

汽笛《きてき》を鳴らして、「ひまわり」が出ていきます。
「ひまわり」の白い船体が、海にいだかれるように、太陽《たいよう》に向《む》かって進《すす》んでいきます。

あとがき

わたしは、日本一大きな湖《みずうみ》・琵琶湖《びわこ》がある滋賀県《しがけん》に住《す》んでいます。

平成《へいせい》二十三年三月十一日、わたしはめまいを感《かん》じました。滋賀県《しがけん》の米原《まいばら》で、手づくり紙芝居《かみしばい》を、教えているときでした。

「地震《じしん》ですよ、先生」

生徒《せいと》がみんな、さわぎだしました。庭《にわ》の木がわさわさゆれています。午後二時四十六分、三陸沖《さんりくおき》を震源《しんげん》とした地震《じしん》が起《お》きていたのです。滋賀《しが》でも感《かん》じたこの地震《じしん》は、マグニチュード九・〇の、わたしたちの国では六百年に一度《ど》といわれる大きな地震《じしん》だったのです。

テレビに映《うつ》し出される津波《つなみ》の惨状《さんじょう》に、わたしは言葉《ことば》を失《うしな》いました。

わたしは、平成《へいせい》七年一月十七日、午前五時四十六分に起《お》きた阪神淡路大震《はんしんあわじだいしん》災《さい》を知っています。マグニチュード七・二でした。被害《ひがい》の大きかった神戸《こうべ》は、滋賀《しが》から電車に乗《の》れば一時間半ほどで行くことができます。わたしは、ボランティアとして一カ月間、毎日神戸《こうべ》に通いました。まだわかくて、それができる体力があったのです。

今度《こんど》の震災《しんさい》は、距離《きょり》の面《めん》からも体力の面《めん》からも、神戸《こうべ》のときのように応援《おうえん》することはできません。わたしは毎日、ニュース報道《ほうどう》を見ながら、被害《ひがい》にあった人たちのことに、思いをめぐらしていました。

ニュースの中には、外国人記者《きしゃ》が報道《ほうどう》しているものもありました。被災《ひさい》した方々が、混乱《こんらん》の中にあっても、「自分だけよければよい」と考えない行為《こうい》を取《と》っていることにおどろいていました。また外国人記者《きしゃ》ですから、地位《ちい》の高い人とか有名人《ゆうめいじん》とか、どんな仕事《しごと》をしている人とかに関係《かんけい》なく、人間としてステキだなあと思えることを、伝《つた》えていたように思えました。

そんな中に菅原進《すがわらすすむ》さんがいました。わたしは、会いたいと思いました。この人だけでなく地域《ちいき》の人たちにも会って、この困難《こんなん》をどのように体験《たいけん》したのか、聞いてみたいと思いました。

被害《ひがい》を受《う》けた人の体験《たいけん》が、被害《ひがい》を受《う》けなかった人々に伝《つた》わり、多くの人が自分の身《み》に起《お》こったこととして、考えたり感《かん》じたりしていけるとしたら、この体験《たいけん》は尊《とうと》いものになると思ったのです。

滋賀県《しがけん》に住《す》み、体力に問題《もんだい》のあるわたしでも、書いて多くの人に伝《つた》えることならできそうです。それにはていねいな取材《しゅざい》が必要《ひつよう》です。わたしと出版《しゅっぱん》社《しゃ》の人は、泊《と》まりこんで取材《しゅざい》することになりました。朝六時から、夜十時を過《す》ぎるまで、菅原《すがわら》さんにくっついて歩きました。菅原《すがわら》さんは、口数の多い人ではありません。でも、仮設住宅《かせつじゅうたく》におじゃまして、子どものころのことや動物《どうぶつ》との話を聞いたときには、楽しげによく話し、よく笑《わら》う人という印象《いんしょう》でした。

震災《しんさい》直後、「ひまわり」の運賃《うんちん》をただにしたこととか、しばらくして被害《ひがい》を受《う》けなかった人から受《う》け取《と》った運賃《うんちん》三百円はすべて、自分たちより助《たす》けを必要《ひつよう》とする人のために、義援金《ぎえんきん》として寄付《きふ》したと聞いたときは、以前《いぜん》、日本の人が持《も》っていた「おかげさまで」とか、「おたがいさん」とか、「もちつもたれつ」とかいう徳《とく》を大切にしている人だと思いました。大切にしているものは、生活のあちこちにあらわれます。ごく普通《ふつう》に生活する菅原《すがわら》さんのすがたが、外国の報道記者《ほうどうきしゃ》の目には、新鮮《しんせん》に映《うつ》ったのでした。

民宿《みんしゅく》「アインスくりこ」の白幡美千子《しらはたみちこ》さんは、「菅原《すがわら》さんはまっすぐな人だ」といいます。たとえ困難《こんなん》があっても、大切なことを大切にしていく人だと、知っているのでしょう。

わたしの母は、大正《たいしょう》六年、東京《とうきょう》の浅草《あさくさ》に生まれました。ですから、大正《たいしょう》十二年の関東大震災《かんとうだいしんさい》にあっています。その震災《しんさい》で、母はお母さんを亡《な》くしました。家も事業《じぎょう》をしていた工場もすべて焼《や》かれてしまったお父さんは、病気《びょうき》になって早く亡《な》くなりました。母はくり返《かえ》し、少女のとき耳にした話を、成《せい》長《ちょう》する中で感《かん》じたことを、子どものわたしたちに幾度《いくど》となく伝《つた》えました。

母の口ぐせになっている言葉《ことば》があります。

「こんなことで負《ま》けるもんか！」

震災《しんさい》の経験《けいけん》が、その後のくらしが、言わせる言葉《ことば》なのでしょう。

母は、現在《げんざい》九十六歳《さい》。足こそ不自《ふじ》由《ゆう》ですが元気です。

わたしが震災《しんさい》に強く反応《はんのう》するのは、母の影響《えいきょう》があるのかもしれません。

被災地《ひさいち》は、二回目の春をむかえました。菅原《すがわら》さんの大工仕事《しごと》も、まだ続《つづ》いています。

過日《かじつ》、菅原《すがわら》さんからとどいた小包《こづつ》

仮設住宅《かせつじゅうたく》の前のグラウンドで。一番右が著者《ちょしゃ》

みに、わかめが入っていました。今年《ことし》、収穫《しゅうかく》した新わかめでした。
「ああ、三陸《さんりく》の海で育《そだ》ったんだ」
わたしは、やわらかく、わかわかしい芽《め》に、胸《むね》がきゅんとなりました。
大島《おおしま》で取材協力《しゅざいきょうりょく》をしていただいたみなさん、ありがとうございました。
佼成出版社《こうせいしゅっぱんしゃ》の編集者《へんしゅうしゃ》、藤本欣秀《ふじもとよしひで》さんと力を合わせて作りあげたこの本が、
読者《どくしゃ》のみなさんの心にとどきますように。

今関信子《いまぜきのぶこ》

平成《へいせい》二十四年初夏《しょか》

今関 信子（いまぜき のぶこ）●1942年、東京に生まれる。幼稚園教員を経て、創作活動に入る。現在は、児童文学とともに、子どもの遊び、文化、生活に広く関心を持ちながら活動している。日本児童文学者協会会員。作品に『小犬の裁判はじめます』（童心社）、『地雷の村で「寺子屋」づくり』（PHP研究所）、『ぎんのなみおどる』（朔北社）、『琵琶湖のカルテ』（文研出版）、『永遠に捨てない服が着たい』（汐文社）、『三河のエジソン』『ぼくらが作った「いじめ」の映画』（以上、佼成出版社）など多数。

写真提供●菅原進、中田俊夫、三陸新報社（P15、P57）、岩城史生（P94）、産経新聞社（P111）

感動ノンフィクションシリーズ

津波をこえたひまわりさん

小さな連絡船で大島を救った菅原進

2012年 7 月15日　第1刷発行
2020年10月10日　第4刷発行

著者＝今関 信子
発行者＝水野 博文
発行所＝株式会社佼成出版社
〒166-8535 東京都杉並区和田2-7-1　電話（販売）03-5385-2323（編集）03-5385-2324
印刷所＝株式会社精興社
製本所＝株式会社若林製本工場
ブックデザイン＝タカハシデザイン室
本文レイアウト＝佐尾 太一郎
写真撮影＝浦山 江里

http://www.kosei-shuppan.co.jp/

Kosei shuppan

落丁本･乱丁本は送料小社負担にてお取り替えいたします。

ISBN978-4-333-02546-6 C8336 NDC916/128P/22cm